Studien zum sozialen Dasein der Person

Die menschliche Existenz in ihrem personalen Status ist geprägt von der Sorge um die gelingende Daseinsbewältigung im Lebenslauf. Dabei ergibt sich eine Fülle sozialpolitisch relevanter Themen. Vor allem mit Methoden der qualitativen Sozialforschung sollen die sozialen Probleme immer zugleich aus der Perspektive des personalen Erlebnisgeschehens dargestellt werden. Die kulturellen Grammatiken der sozialen Mechanismen des Prozessgeschehens sollen dergestalt aufgehellt werden. So zeichnen sich auch Perspektiven sinnvoller sozialer Interventionen ab, die die Chancen des Gelingens personalen Seins verbessern können. Die Studien sollen im Lichte einer entsprechenden philosophischen Anthropologie fundiert und die Basis erfahrungswissenschaftlich orientierter Analysen im interdisziplinären Schnittbereich von Sozial- und Kulturwissenschaften sowie der Psychologie angesiedelt sein.

Herausgegeben von

Prof. Dr. Frank Schulz-Nieswandt
Prof. Dr. Clarissa Kurscheid
Prof. Dr. Remi Maier-Rigaud
Prof. Dr. Michael Sauer

Band 49

Frank Schulz-Nieswandt | Kristina Mann
Ursula Köstler | Hermann Brandenburg

Professionelle Teams in Heimen

Führung und Organisationskultur sowie Trägerschaft in der stationären Langzeitpflege

Onlineversion
Nomos eLibrary

Die Deutsche Nationalbibliothek verzeichnet diese Publikation in der Deutschen Nationalbibliografie; detaillierte bibliografische Daten sind im Internet über http://dnb.d-nb.de abrufbar.

ISBN 978-3-8487-7564-4 (Print)

ISBN 978-3-7489-3539-1 (ePDF)

1. Auflage 2023

Inhaltsverzeichnis

Vorwort

Das Autor/innen-Team legt mit dem vorliegenden Text eine überarbeitete und zum Teil ergänzte bzw. erweiterte Fassung des Abschlussberichtes zum Projekt der „Evaluation von Konzepten zur Umgestaltung der Fachkraftquote in Pflegeeinrichtungen" für das Land Rheinland-Pfalz, vertreten durch das Ministerium für Arbeit, Soziales, Transformation und Digitalisierung Rheinland-Pfalz (ehemals Ministerium für Soziales, Arbeit, Gesundheit und Demografie Rheinland-Pfalz) vor. Die schwierige, aber forschungsethisch notwendige Aufgabe der Anonymisierung involvierter Akteur bzw. Akteurinnen haben wir – soweit es möglich war – bis zur Grenze des Machbaren getrieben. Da wir davon ausgehen, dass die involvierten Protagonisten und Protagonistinnen der Projekte zwar nicht mit jeder Bemerkung, aber doch mit der Tendenz der Ergebnisse und mit den fachpolitischen Empfehlungen nicht unzufrieden sein werden, dürfte diese vorgelegte Publikation vertretbar sein. Es ist eben schade, wenn Forschungsprojektergebnisse nicht publiziert werden, auch dann, wenn es sich, wie vorliegend, nur um überschaubare Impulse für die weitere Diskursentwicklung handelt. Doch sind die daseinsthematisch bedeutsamen Fragen, die behandelt werden, zu wichtig, um nicht möglichst in allen Dimensionen und hinsichtlich vielerlei Aspekte diskutiert zu werden.

Der Vertrag wurde am 20. November 2018 geschlossen und sollte Anfang 2019 mit einer Laufzeit von zwei Jahren als Projekt umgesetzt werden. Das Projekt sollte zum 21. April 2021 beendet sein. Aufgrund der durch die Corona-Krise bedingten Probleme einer im realen Feld platzierten Begleitstudie innovativer Experimente mit einer anderen Personalaufstellung und Arbeitsorganisation im Sinne der Primary Nursing-Idee wurde der Vertrag als Grundlage der Projektbegleitung am 2. Dezember 2021 kostenniveauneutral bis Ende 2022 verlängert. Mündlich war diese Projektverlängerung telefonisch bereits im Frühjahr 2021 vereinbart worden. Insofern wird hier fristgerecht ein Abschlussbericht der Projektbegleitung vorgelegt.

Für die Universitäten waren viele Projekte der angewandten Sozialforschung, vor allem dann, wenn sie Implementationsprojekte transdisziplinär mit der Praxis im Feld betrafen, von der Corona-Krise in Frage gestellt. Frank Schulz-Nieswandt hat in mehreren Sitzungen der UAG- Pflege zur AG-Innovationsprojekte im Ministerium in Mainz über den jeweiligen Prozess- wie auch den Zwischenergebnis-bezogenen Stand dieser außerordentlich schwierigen Projektumsetzungsbiographie berichtet.

Das Team bedankt sich für die fruchtbare Zusammenarbeit mit dem Ministerium und für die wohlwollende Offenheit für die Möglichkeit, trotz der besagten belastenden Mitbetroffenheit der Forschung durch die Pandemie, die ja auch die Arbeitsbelastungssituation im Ministerium analog betraf, die Studie auf einem noch wissenschaftlich sinnvollen Niveau durchführen und zum Abschluss bringen zu können.

Natürlich war auch die Belastung in den von uns begleiteten beiden Einrichtungen extrem hoch, und auch hier bedanken wir uns angesichts der mitunter überaus starken Einschränkungen der situativen Machbarkeit für die Ermöglichung zumindest der verwirklichten Kooperationsmöglichkeiten, die wiederum den vorliegenden Bericht ermöglichten.

Köln/Vallendar, Dezember 2022/Juni 2023

Frank Schulz-Nieswandt, im Namen des Forschungsteams

Einleitung
(*Frank Schulz-Nieswandt*)

Der im Vorwort angesprochene Vertrag war so konzipiert, dass das Fördervolumen auf bis zu sieben Einrichtungen ausgerichtet war. Wir sollten mit der Begleitung von drei Einrichtungen starten. Von allen drei Einrichtungen lagen uns Konzeptpapiere vor. Diese wurden auch inhaltsanalytisch (aus pflegewissenschaftlicher, gerontologischer und sozialpolitischer Sicht) in Bezug auf die Konkretisierung einer Primary Nursing-Idee untersucht. Die Einschätzung fiel in allen drei Fällen positiv aus.

1) Mut zu kontrollierten Experimenten im Feld ist politisch unbedingt erforderlich und situationsangemessen im Sinne einer Verantwortungsethik

Vor dem Hintergrund des Fachkräftemangels im ohnehin von einem prekären Strukturwandel betroffenen Sektor der stationären Langzeitpflege hat sich das Land mit Blick auf die in der entsprechenden Verordnung zur Umsetzung des Wohn- und Teilhabegesetzes angelegten Möglichkeit der Öffnung für Innovationen zu dem Schritt entschieden, in verantwortungsvoller Weise, wozu auch die Einsetzung einer Begleitforschung gehört, Erfahrungen mit Unterschreitungen des Fachkräfteschlüssels zu sammeln und analytisch zu reflektieren.

Es kam dazu, dass eine Einrichtung ihre Projektteilnahme zurückzog, weil sie in die Lage kam, die Lücke hinsichtlich der Fachkräfteschlüsselvorgabe andersartig zu schließen. Diese Einrichtung konnte jedoch gewonnen werden, in einem Workshop an der Reflexion erster Zwischenerfahrungen teilzunehmen. Ebenso konnte eine weitere Einrichtung gewonnen werden, die von der Idee des Innovationsexperiments fachlich überzeugt war, selbst aber nicht aktiv, sondern passiv nur im Sinne lernender Reflexion teilnehmen wollte.

2) Myopie des Feldes?

Für die Forschung war die mangelnde Bereitschaft des Feldes, weitere Beteiligungseinrichtungen zu generieren, kein gutes Zeichen für die sektorale Verbreitung der Einsicht, dass das Feld ja dauerhaft mit Engpässen in der Pflegefachkräftesituation konfrontiert sein wird und daher unbedingt neue und fachpolitisch im Lichte normativ-rechtlicher Vorgaben zur humangerechten Versorgungsqualität in den Lebenswelten des Wohnens in der stationären Langzeitpflege vertretbare Alternativen in der personellen Arbeitsorganisation und in der dazu notwendigen, wie die Analysen und Diskussionen im vorliegenden Bericht noch zeigen werden, achtsamen systemischen Führung zu entwickeln und vorzuhalten.

Sollten die Unternehmen bzw. ihre Träger oftmals unter zu kurzfristigen Zeithorizonten (»Myopie«) als diagnostischen Kern einer epistemisch gefährlichen Blickverengung leiden? Das Phänomen ist aus der Verhaltensforschung bekannt. Es hat im vorliegend betroffenen Feld etwas mit pfadabhängiger Unternehmenskultur, fehlender strategischer Unternehmensphilosophie und vernachlässigter Stakeholder-Ethik zu tun. Frühzeitig müssen sich Organisationen der Leistungserstellung lernend als Unternehmen im regulierten Markt auf den Wandel proaktiv durch ein kulturelles Change Management aufstellen. U. E. ist diese mangelnde Innovationsbereitschaft selbst eine signifikante Indikation der Probleme des Sektors.

3) Die Beschränkungen der Verlaufsmöglichkeiten der Umsetzung der Begleitforschung

In den beiden begleiteten Einrichtungen musste trotz der proaktiven Innovationsoffenheit zunächst kommunikativ eine Vertrauensatmosphäre aufgebaut werden. Die Begleitforschung trat nicht als ministerielle Kontrollinstanz auf, sondern als kooperativer Partner, wobei summative Zwischenergebnisse durchaus auch in positiver formativer Absicht in die weiteren Projektverlaufsmuster eingespeist werden sollten. Nicht zuletzt auch und vor allem wegen der sich alsbald einstellenden Belastungen durch die aufkommende und sich vertiefend verbreitete Pandemie war die Umsetzung der Kooperationen weit davon entfernt, organisatorisch einfach zu werden. Die Verlaufsdauer der Pandemie konnte anfangs kaum richtig abgeschätzt werden. Immer länger zogen sich die kooperativen Umsetzungschancen der Projektbegleitung dahin. Ein wesentlicher Teil des geplanten Designs konnte nicht umgesetzt werden:

1) Grundsätzlich macht es keinen Sinn, Bewohner/innen oder, in advokatorischer Rolle, sofern vorhanden, die Angehörigen bzw. Betreuer/innen zu subjektiv interpretativ wahrgenommenen Effekten der ohnehin schwer wahrnehmbaren objektiven Änderungen in der personellen Aufstellung und Arbeitsorganisation kausalhypothetisch zu befragen.
2) *Ex post* im Rahmen der Corona-bedingten Verzögerungen infolge der fehlenden Zugänglichkeit in die Einrichtungen hinein macht es überhaupt keinen Sinn mehr, solche Interviews durchzuführen, da die beiden möglichen Effekte – Corona-Krise und Umstellung in der internen Arbeitsweisekultur – kaum noch analytisch zu trennen und daher reflektiert zu bewältigen sind.

In Bezug auf die Erfahrung der Mitarbeiter/innen haben wir zu einem späten Projektzeitpunkt Einschätzungen des operativen Personals sammeln können. Das Projekt konzentrierte sich daher auf regelmäßige Reflexionstreffen mit der Steuerungsleitung des Projekts. Auch dieser Bias ist von unserer Forschung immer selbstkritisch einkalkuliert worden.

4) Die organisationsstrukturellen Ergebnisse der Begleitforschung und die Architektur des Forschungsberichtes

Der empirische Teil wird dennoch darlegen können, welche Eindrücke die Projektbegleitung sammeln und in der Analyse strukturiert ordnen konnte: Zwei in manchen Punkten unterschiedliche Führungskulturen konnten erkennbar werden; gemeinsam ist aus beiden Projekten die Erkenntnis zu ziehen, wie zentral bedeutsam die Kultur der Führung von neuen Arbeitsorganisationen von Teams gemischter Berufsgruppen/Qualifikationen/Kompetenzen für die gelingende Umsetzung und nachhaltig effektive Nutzung von Primary Nursing-Ideen ist.

Um die doch nur oder immerhin, weil spannenden explorativen Erkenntnisse wissenschaftlich etwas besser validieren zu können, wird der empirische Teil 2 des vorliegenden Berichts eingebettet in einen analytischen Rahmen, der vor allem auf eine reflektierte Aufarbeitung der relevanten Forschungsliteratur basiert:

1) Teil 1 des vorliegenden Berichts bietet einen problemzentrierten Zugang zu der Einschätzung der fachwissenschaftlichen Akzeptanz von Prima-

ry Nursing-Modellen angesichts der aktuellen Debatte um neue Personalmixbemessungen in der stationären Langzeitpflege.
2) Teil 3 des vorliegenden Berichts bietet einen problemorientierten Zugang zur Einschätzung einer möglichst trägerschaftsunabhängigen und somit übergreifenden Bedeutung von Führung und Organisationskultur als entscheidende Schlüsselmechanismen mit Blick auf akzeptierbare innovative Öffnungen der Varianz von Personalaufstellungen und entsprechenden Arbeitsorganisationen.

Mit dieser Architektur des Abschlussberichts gehen wir nicht über den erteilten Auftrag eigenwillig hinaus: Die Berücksichtigung der einschlägigen Forschungsliteratur gehört zu einer solchen Diskussion der – mehr oder weniger ertragreichen – Empirie der Datenerhebung eigentlich immer dazu. Zudem ist eine Datenanalyse und deren Diskussion kaum trennbar von Schlussfolgerungen. Engagierte Wissenschaft, gerade hier in einem menschenrechtlich, grundrechtlich und sozialrechtlich normierten Feld der Sorgearbeit, wirft automatisch die Frage nach einem Soll-Ist-Vergleich auf – es geht um die Differenz von normativ-rechtlich kodifizierten Zielen einerseits und der sozialen Wirklichkeit andererseits.

Wir schlussfolgern, dass es ein integrierter Teil einer guten Qualitätsregulierung des Landes wäre, wenn Spielräume für experimentelle Innovationsideen rechtlich ermöglicht werden. Man kann Reformen im Lichte unzweifelhafter Evidenz (wenn es diese geben sollte) gesetzgeberisch einleiten. Man kann aber auch im Sinne politischer Zulassung von Grounded Theory-Experimenten eine kontrollierte Freiheit des Suchens nach besseren Lösungen zulassen und fördern.

5) Empfehlungsresultanten der aus der Literatur heraus validierten explorativen Befunde der Studie

Im Ausblick wird eine strategische Empfehlung ausformuliert, die 1) sich positiv auf die Beibehaltung und Fortführung von Öffnungsklauseln im Rahmen der Landesgesetzgebungskompetenz in der Pflegepolitik bezieht und 2) die Fortführung der Gestalt-kohärenten Ergänzung des ordnungsrechtlichen Prüfauftrages des Landes durch eine auf Innovationsinkubation ausgerichtete Beratungspraxis betreibt.

Und es sollte 3) eine kontinuierliche Kampagne des Landes eingeleitet werden, um im Sinne einer Politik der Befähigung die Einrichtungen und ihre Träger im Feld zumindest motivational dergestalt zu »empowern«, um sich in Zukunft strategisch auf einen notwendigen innovativen Wandel in der Führungskultur und in der Organisationsprozesskultur neuer personeller Arbeitsorganisationen durch soziales Lernen in systemischer Achtsamkeit vorzubereiten.

Teil 1: Personalmix in der Langzeitpflege – Bezüge zur Versorgungs- und Lebensqualität (*Hermann Brandenburg*)

1 Vorbemerkungen und Agenda

Während das ursprüngliche Konzept von Primary Nursing die Verantwortung für die Pflege eines Patienten bzw. Bewohners *einer* Pflegefachperson überträgt, geht es in den neueren Modellen des Pflegemix um einen adäquaten Ressourceneinsatz *mehrerer* Personen (in Hinblick auf einen Mix von Berufsgruppen, Qualifikationsniveaus sowie formellen/informellen Kräften). Die vier Kernelemente von Primary Nursing von Marie Manthey (2023) gelten aber weiterhin: Verantwortung für die Durchführung des Pflegeprozesses, Kontinuität und Begleitung der zu pflegenden Person, direkte Kommunikation mit den Betroffenen (und den Behandlungsteams) sowie die Übernahme der Pflegeplanung und Pflegedokumentation. Das ist wichtig zu betonen, denn die Neukonzeption des Personalmix wird zwar als „(Not)-Lösung" des aktuellen Fachkräftemangels (vor allem der Fachpflege) diskutiert, sollte aber bei der Umsetzung die Chancen und Potentiale des „klassischen" Primary Nursing Konzepts beachten (und ggf. sogar weiterentwickeln). Dazu gehört z.B. auch der Einsatz von akademisierten Pflegenden in der patienten- und bewohnernahen Versorgung (vgl. hierzu das neueste Gutachten des Wissenschaftsrats 2022).

Wie sieht die Agenda aus? Im Folgenden sollen im ersten Schritt einige Kernelemente (professioneller) Pflege genannt werden. Dabei werden vor allem die Interaktionsarbeit und die fachlichen Aspekte betont sowie ein an der Förderung von Selbstständigkeit und Lebensqualität orientiertes Pflegeverständnis dargelegt. Statt der sogenannten „Satt-und-Sauber-Pflege" wird ein ressourcen- und prozessorientierter Ansatz der Pflegearbeit betont (Behrens 2021; Brandenburg/Dorschner 2021; Krohwinkel 2013; Mischo-Kelling 2012). Darauf aufbauend geht es um die inhaltliche Bestimmung und verschiedene Varianten des Skill- und Qualifikationsmix, nämlich – je nach Qualifikationsniveau – upskilling oder downskilling. In diesem Zusammenhang wird auch betrachtet, welche Bedeutung der Personalfrage grundsätzlich in Hinblick auf Aufrechterhaltung, Förderung und Weiterentwicklung der Versorgungs- und Lebensqualität zukommt. In einem dritten

Schritt wird diskutiert, ob und inwieweit die Logik der Personalbemessung der neueren Gesetzgebung auf der Grundlage des Rothgang-Modells pflegewissenschaftlich begründbar ist. Den Abschluss bilden einige Überlegungen jenseits der Debatte um den adäquaten Personaleinsatz. Denn – um ein Ergebnis vorwegzunehmen – Personal ist nur *eine* kritische Größe, wenn es um ein gutes Leben in Einrichtungen der Langzeitpflege geht. Der Einfluss von Management und Führung auf die Qualität der Bewohnerversorgung ist ebenso evident wie die Bedeutung der politischen Entscheidungsträger und der gesetzlichen Rahmenbedingungen. Mehr noch – und dies wird in dieser Expertise noch wiederholt angesprochen – eine Vision zur Neukonturierung von Pflegelandschaften ist pflege- und fachpolitisch notwendig, gerade für die Langzeitpflege (vgl. umfassend hierzu: Schulz-Nieswandt u. a. 2021). Im Rahmen dieses kurzen Beitrags möchte ich mich nur auf *einen* Akzent, nämlich die Lehrpflegeheime, konzentrieren.

2 Pflege als Interaktionsarbeit

Man könnte an dieser Stelle die üblichen Grundsatzüberlegungen wiederholen, die immer wieder in der Pflegewissenschaft betont wurden (z.B. Remmers 2021). Das möchte ich nicht tun. Stattdessen werde ich an einem konkreten Beispiel zeigen, warum eine fachlich adäquate und beziehungsorientierte Pflege unerlässlich ist. Beginnen wir mit einer etwas längeren Sequenz:

> *„In einem Altenheim irrt eine Bewohnerin, die mit Rollator noch recht mobil ist, nachts durch die Gänge, ist verwirrt und desorientiert, läuft schreiend in die Zimmer anderer Bewohner/-innen, die es mit der Angst zu tun bekommen. Sie hustet ständig und ist nicht zu beruhigen. Die einzige diensthabende Pflegende weiß sich nicht anders zu helfen, als den Notarzt zu rufen, der die Bewohnerin ins Krankenhaus einweist. Der diensthabende Arzt dort diagnostiziert eine erhebliche Exsikkose und Mangelernährung trotz Übergewicht sowie Desorientierung mit Verdacht auf Demenz und einen Reizhusten. Er verordnet eine Infusion sowie Hustenmedikation. Nach zwei Tagen wird sie wieder ins Altenheim entlassen. Aus Sicht der Pflegenden handelt es sich um eine alte pflegebedürftige Frau, die sich wegen einer fortgeschrittenen Arthrose nicht allein an- und ausziehen kann, außerdem eine Dranginkontinenz hat und deswegen zu Hause gestürzt war, was den Anlass für den Heimeinzug darstellte.*

Ansonsten kann sie sich selbst versorgen. Auch wegen ihres Übergewichts war sie in Hinblick auf die Ernährung nicht als pflegebedürftig eingestuft worden. Die üblichen AEDL waren in der Checkliste abgehakt worden, der Pflegeplan bezog sich auf Hilfen beim Aufstehen und Zubettgehen, mehr schien nicht nötig. Die AEDL-Liste wurde als ausreichend für die Pflegeplanung angesehen. In diesem Praxisbeispiel wurde ausschließlich nach der Checkliste und somit nicht nach dem Pflegeverständnis, das den AEDL zugrunde liegt (vgl. Krohwinkel 1993[1]), gearbeitet, weil die neu eingezogene Bewohnerin nicht als Subjekt angesehen und daher nicht in eine Pflegediagnostik und Pflegeplanung einbezogen wurde. Da sie als Objekt, für das gesorgt werden müsse, begriffen wurde, blieb die subjektive Perspektive der Bewohnerin unsichtbar. Teil ihrer subjektiven Perspektive ist jedoch eine Abneigung gegen das Trinken und die Zurückhaltung beim Essen. Die Herstellung einer Beziehung hätte zumindest den Verdacht auf eine Schluckstörung hervorrufen müssen. Die Bewohnerin trank möglichst wenig und kippte ihre vollen Gläser weg, weil sie sich ständig verschluckte und das Husten vermeiden wollte und auch weil sie nicht so oft auf die Toilette gehen wollte. Der Flüssigkeitsmangel führte zu zeitweiser Desorientierung. Auch mit der Nahrung bei den Mahlzeiten war sie vorsichtig und aß eher zu wenig, weil das Essen oft Husten auslöste. Obwohl das Übergewicht blieb, wurde ihr ihre Kleidung zu weit. Auch das fiel niemandem auf, weil niemand nach der Passgenauigkeit der Kleidung schaute. Genauso wenig wurde registriert, was nach dem Essen noch auf ihrem Teller blieb. Auch im Krankenhaus wurde nur von außen ein Objekt betrachtet, die Patientenperspektive als unwesentlich oder nicht erfassbar – Verdacht auf Demenz! – sowohl von ärztlicher als auch von pflegerischer Seite angesehen. Übersehen wurde dadurch u. a. die Dysphagie, auf die der als „Reizhusten“ diagnostizierte Husten zurückzuführen war – ein großes Risiko für eine Aspirationspneumonie. Zwei Wochen später muss eine neuerliche Einweisung ins Krankenhaus erfolgen, diesmal zur Behandlung einer akuten Pneumonie. Die hier praktizierte Pflegeauffassung bzw. -theorie lautet: Hilfe und Unterstützung bei den Alltagstätigkeiten, die eine Person selbst nicht ausführen kann. Implizites Ziel

1 Das ursprünglich bei der Pflege von Apoplexiekranken im Krankenhaus entwickelte Modell von Monika Krohwinkel wurde gegenüber der ursprünglichen Konzeption von 1993 weiterentwickelt und zum AEBDL-Modell ausbuchstabiert (vgl. Krohwinkel 2008, 2013). Der ursprüngliche Gedanke einer „rehabilitierenden Prozesspflege“ bleibt nach wie vor gültig. In der Praxis ist aber - nicht zuletzt auch aufgrund der Vorgaben des MDS/MDK – etwas Anderes daraus geworden.

ist die unterstützte Aktivität. Die Pflegediagnostik wird auf das Abhaken einer Checkliste reduziert, für die im Zweifel nicht einmal Beobachtungen oder intensivere Gespräche erfolgen. Die Verwirrung und Unruhe hätten eine Auseinandersetzung mit der Person der Pflegebedürftigen nach sich ziehen müssen; Grundlage hätte eine sehr gute Kenntnis der Person auf Basis einer professionellen Beziehung sein müssen. Hier wirkt sich die gesamtgesellschaftliche Auffassung von (Alten-)Pflege aus – wie sie auch der Arbeitgeberpräsident vertritt –, die da heißt, dass diese Arbeit jeder ausüben kann, wenn genügend Empathie und Geduld vorhanden sind. Bei dem Beispiel allerdings war selbst die Empathie nur bedingt vorhanden. „Beziehungsgestaltung" ist zwar ein großes Wort in der Pflege, das in aller Munde ist (vgl. Deutsches Netzwerk für Qualitätsentwicklung in der Pflege [DNQP] 2018, S. 71), aber sie wird meist als etwas „Nettes" herabgewürdigt, mit dem sich Pflegebedürftige zwar wohler fühlen, was aber ansonsten nicht gesundheitsrelevant ist. Wie das Beispiel zeigt, ist die Herstellung einer Beziehung – und sei es nur zur umfassenderen Pflegediagnostik – möglicherweise existenzrelevant. Man mag einwenden, dass dies vor allem für alte Menschen in der Langzeitpflege relevant sei, denn im Krankenhaus wäre die Verweildauer ohnehin zu kurz, um Beziehungen gestalten zu können. Das Beispiel zeigt jedoch auch, dass im Krankenhaus überhaupt nicht versucht wurde, die Patientin mit einzubeziehen und dass dadurch z.B. das große Risiko für eine Aspirationspneumonie nicht erkannt wurde. Im Übrigen konnte der Verdacht auf Demenz nicht erhärtet werden. Auch wenn die Pflege im Krankenhaus und die Langzeitpflege alter Menschen von außen oft sehr unterschiedlich wahrgenommen werden, so sollte beiden Bereichen dennoch ein gemeinsames Grundverständnis von Pflege dienen, das natürlich den jeweiligen Rahmenbedingungen angepasst werden muss" (Bartholomeyczik 2021, S. 6-8).

Was ergibt sich aus diesem Beispiel? Der Objekt- wie auch der Subjektbezug von Pflege wird hier sehr deutlich. Erstes Merkmal von Pflege: Der Blick auf die Pathologie: Natürlich ist ein entwickeltes Verständnis von Krankheiten und ihren Hintergründen absolut unverzichtbar – vor allem angesichts zunehmender Multimorbidität im Alter. Aber gleichzeitig ist der Subjektbezug wichtig. Daher das zweite Merkmal von Pflege: Beziehungsgestaltung. Und die darf nicht „missverstanden" werden, siehe die Äußerung des Arbeitgeberpräsidenten. Sondern es kommt hier auf die Qualität der Beziehungsarbeit an. Das wird an dem Beispiel noch einmal sehr gut erkennbar, auch in Hinblick auf die Kontinuität und Partizipation der

Betroffenen. Drittes Merkmal von Pflege: Die Komplexität systematisch erfassen und die Dinge zusammendenken. Das ist ja genau ein zentrales Problem dieses Fallbeispiels. Denn selbst in der Klinik wird die Problematik nicht erkannt. Letztlich ist auch dies eine Begründung für ein hohes Qualifikationsniveau, welches der Pflege ihre Eigenständigkeit und Kompetenz in der Entscheidung vor Ort zumutet und Reflexionskompetenz einfordert. Die Logik der Politik und der Kostenträger und der vor diesem Hintergrund entwickelten Praxis ist aber eine andere: Es geht um immer stärkeres downgrading, verbunden mit einer „Maschinisierung der Pflege" (Hülsken-Giesler 2008). Auf diese Entwicklung muss mit einem wohlüberlegten Personalmixmodell und einer Konzeption guter Pflegearbeit geantwortet werden.

3 Varianten des Skill- und Qualifikationsmix in der stationären Langzeitpflege

Der Begriff „skill-mix" ist in der internationalen Literatur häufig zu finden, wird definiert als „Kompetenzen, Tätigkeiten oder Fertigkeiten" für die Ausübung von Aufgaben, z.B. in der klinischen Pflege. In Hinblick auf die Altenpflege ist – wie oben schon thematisiert – der klinische Bereich wichtig, aber eben nicht ausreichend. Zentral geht es nicht (mehr) um die Heilung von Krankheiten, sondern um die Gestaltung eines guten Lebens – trotz immer weiter zunehmender Einschränkungen. Die Hospiz- und Palliativpflege ist ein Bereich, der in den letzten Jahren zugenommen hat – und weiter zunehmen wird! Darüber hinaus wird der Begriff „Qualifikationsmix" verwendet, der sich auf verschiedene Abschlüsse in der Pflege bezieht. Bezogen auf die Altenpflege haben wir es im Wesentlichen mit drei Qualifikationsstufen zu tun: ungelernte Hilfskräfte, ein- oder zweijährig angeleitete Assistenzpersonen und Pflegefachkräfte (in der Regel noch Altenpfleger oder Gesundheits- und Krankenpfleger). Der Einbezug von akademisch qualifizierten Pflegenden ist in der Pflege, und vor allem in der Altenpflege, absolut marginal (vgl. die Daten der HQP-Studie des Wissenschaftsrats aus dem Jahre 2022).

Gegenwärtig gibt es zwei Strategien, um den Skill- und Qualifikationsmix innerhalb der Pflegeteams zu gestalten: zum einen den Trend zu Teams mit erhöhter Spezialisierung in der Pflege, zum anderen den Trend zu interprofessionellen Teams. Das ist eine Entwicklung, die in Krankenhäusern zu beobachten ist, u. a. bezogen auf bestimmte Krankheiten (z.B. in der

Onkologie, vgl. Maier u. a. 2019; Robert Bosch Stiftung 2019). Es geht um hochspezialisierte Therapien und Behandlungsmethoden unter Nutzung neuester technologischer Entwicklungen. Man könnte diese Strategie als „upskilling" bezeichnen, für die Heimsituation ist sie aus meiner Kenntnis weitgehend irrelevant. Es sei denn, dass sich Heime auf eine besondere Klientel spezialisiert haben. Wichtiger für die stationäre Langzeitpflege ist sicher die zweite Strategie, das sog. „downskilling". Hier geht es darum, die Spezialisierung zu reduzieren. Das geschieht in der Regel durch vermehrte Einstellung von Pflegehelfern sowie Hilfs- und Servicekräften, die über eine kürzere Ausbildung bzw. Anleitung und über wenig spezialisiertes Wissen und pflegerische Kompetenzen verfügen. Bei den beschriebenen Varianten geht es ausschließlich um Veränderungen *innerhalb* der Pflegeberufe. Wenn man an den Einsatz von Pflegeexperten, z.B. Advanced Practice Nurses (APN), denkt, dann geht es um Veränderungen *zwischen* einzelnen Gesundheitsberufen, etwa der Medizin und der Pflege. Im Zentrum stehen jetzt Modifikationen der interprofessionellen Aufgaben- und Kompetenzverteilungen. Diese Debatte wird in Hinblick auf den Krankenhaussektor geführt, spielt in der Langzeitpflege in Deutschland bislang keine Rolle. Die Diskussion um die „Community Health Nurse" stellt hierbei eine Ausnahme dar (vgl. hierzu auch das Rechtsgutachten von Burgi/Igl 2020, zur internationalen Entwicklung: Schaeffer 2017, zur Situation in Deutschland: Völkel/Weidner 2020).

Die Frage stellt sich natürlich, welche Auswirkungen auf die Qualität der Patienten- und Bewohnerversorgung die genannten zwei Varianten haben. Es existieren mittlerweile mehrere empirische Studien, die vor allem aus den USA, Australien und Großbritannien stammen (Hegney u. a. 2019; Griffiths u. a. 2018). Im europäischen Kontext ist es vor allem die RN4-CAST-Studie, die verschiedene Modelle in Akutkrankenhäusern untersucht hat. Die Analysen zeigen, dass Teams mit höheren Qualifikationsniveaus (vor allem mit Einbezug von akademisierten Pflegenden) zu einer besseren Qualität der Versorgung, größerer Patientensicherheit und einer geringeren Mortalität führen können (Aiken u. a. 2014, 2017). Die Gründe hierfür sind vielfältig und mit mehreren Faktoren assoziiert: zum einen geht es um das Qualifikationsniveau selbst, zum anderen um weitere Aspekte des skill-mix, wie z.B. Arbeitserfahrung oder Teamzusammenarbeit.

Schauen wir uns dies einmal genauer für den Bereich der stationären Langzeitpflege an, denn die oben zitierten Krankenhausstudien haben u. a. zwei Mängel: Ihr Fokus zu skill- und grade-mix (vor allem in den USA) liegt beim Pflegepersonal, weniger bei anderen Berufsgruppen (z.B. Soziale Arbeit oder Hauswirtschaft). Und es geht vor allem um die Zusammenhänge zwischen der Personalkapazität (Anzahl, Zusammensetzung, Qualifikation) und klinischen Indikatoren der Pflegequalität (z.B. Dekubitus, Sturzprävalenz etc.), weniger um die Lebensqualität. Vor diesem Hintergrund sollten vier zentrale empirische Befunde zur Kenntnis genommen werden, die im Rahmen des PERLE-Projekts bei einer kritischen Gesamtschau von Reviews im Langzeitpflegesektor[2] gewonnen wurden (vgl. Dichter/Grebe 2019)[3]:

a) Zusammenhänge zwischen Pflegekapazität und Pflegequalität in Pflegeeinrichtungen

Zunächst zeigen die vorliegenden Studien ein heterogenes Bild. Obwohl die empirischen Befunde nicht immer eindeutig sind, schlussfolgern Autoren von drei Übersichtsarbeiten (Bostick u. a. 2006; Castle 2008; Spilsbury u. a. 2011), dass – alle vorliegenden Studienergebnisse zusammengenommen – tendenziell von einem positiven Zusammenhang zwischen der Pflegekapazität und der Pflegequalität ausgegangen werden kann. Dies heißt, dass in der Tendenz eine Steigerung der Anzahl aller Pflegenden auch zu einer besseren Pflegequalität führt. Es wird betont, dass hieraus keine kausalen Rückschlüsse zu ziehen sind, keine verbindlichen Aussagen zum Zusammenhang zwischen Pflegepersonalbesetzung und Versorgungsqualität auf Grundlage der seinerzeit verfügbaren Evidenz getroffen werden und ebenfalls (weitgehend) unklar bleibt, welchen Beitrag unterschiedliche pflegerische Qualifikationen (z.B. Pflegefachperson, Pflegehilfsperson) zu diesem Zusammenhang leisten – und das bei einem Review, welches 50 Originalarbeiten inkludierte (Spilsbury u. a. 2011).

2 Es handelt sich bei der Literaturrecherche bei PERLE (vgl. Brandenburg/Kricheldorff 2019) um ein „Overview of reviews", keine narrative Literaturübersicht. Das Akronym steht für „Personalmix in der stationären Langzeitpflege".

3 Die Methodendebatte kann an dieser Stelle nicht geführt werden. Es soll aber explizit auf Limitationen verwiesen werden. Denn vielfach wird in den US-Studien auf Routinedaten zurückgegriffen, so dass bei vielen Untersuchungen keine prospektive Datenerhebung vorliegt. Der Punkt ist sehr wichtig, denn bekannt ist, dass die Qualität der Pflegedokumentation von der tatsächlichen Pflegequalität abweichen kann. Hinzu kommen unterschiedliche Operationalisierungen und z.T. nur geringe Stichproben und fehlende Kontrolldesigns (vgl. umfassend: Dichter/Grebe 2019, S. 46ff.).

b) Zusammenhänge zwischen Mitarbeitercharakteristika und Lebensqualität der Bewohner in der Langzeitpflege

Reviews, die sich explizit mit dem Zusammenhang von Mitarbeitern und Lebensqualität befasst haben (z.B. Shin/Bae 2012; Xu u. a. 2013) konnten ebenfalls keinen Zusammenhang feststellen. Das hängt im Kern damit zusammen, dass die Lebensqualität der Bewohner/innen sehr stark von individuellen Faktoren bestimmt wird. Insgesamt zeigte sich nur eine Assoziation zwischen der Art der Trägerschaft von Einrichtungen und der Lebensqualität von Menschen mit Demenz. Auch konnte eine bessere Lebensqualität der Bewohner/innen in nicht gewinnorientierten Einrichtungen (Xu u. a. 2013) festgestellt werden. Aber auch diese Befunde konnten nicht in allen Studien bestätigt werden, ein Hinweis bietet auch die in Deutschland durchgeführte StaVaCare 2.0-Studie (Görres/Brannath 2020), auf die noch gezielter eingegangen wird. Wir wissen also, dass für eine gute Pflegequalität Anzahl, Qualifikation und Zusammensetzung der Mitarbeiter mit hoher Wahrscheinlichkeit wichtig sind, ihre Bedeutung für die Lebensqualität der Bewohner/innen sollte jedoch nicht überschätzt werden.

c) Effektivität von Primary Care Modellen in Hinblick auf die Pflegequalität in den Einrichtungen

Hinsichtlich möglicher Effekte zwischen Pflegemodellen und der Pflegequalität konnten im Rahmen des PERLE-Projekts zwei Reviews identifiziert werden. Hierbei wurde der Zusammenhang von Primary Care Modellen, wie beispielsweise bewohnerorientierte Pflege (Hodgkinson u. a. 2011), und der Zuordnungspraxis von Pflegenden zu Bewohner/innen (Rahman u. a. 2009) sowie der Pflegequalität untersucht. Hinsichtlich der Primary Care Modelle konnten keine eindeutigen Ergebnisse nachgewiesen werden. Allerdings ließen sich vielversprechende Ergebnisse hinsichtlich einer positiven Wirkung einer kontinuierlichen Zuordnung von Pflegenden zu Bewohner/innen in Bezug auf die Pflegequalität ermitteln. Auch hier muss betont werden, dass eine kausale Aussage aufgrund der vorliegenden Ergebnisse nicht getroffen werden kann.

d) Zusammenhänge zwischen mitarbeiterbezogenen Organisationscharakteristika und der Mitarbeiterbeanspruchung in stationären Altenpflegeeinrichtungen

Es konnten keine Übersichtsarbeiten identifiziert werden, welche die Fragestellung einer möglichen Assoziation und deren Richtung zwischen mitarbeiterbezogenen Organisationscharakteristika und der Mitarbeiterbeanspruchung systematisch untersucht haben. Im Rahmen der Reviews von Collier u. a. (2008) und Rahman u. a. (2009) finden sich aber Hinweise auf den Zusammenhang von mitarbeiterbezogenen Charakteristika wie der Führungsqualität und der Fluktuationsrate von Mitarbeitern. Diese wurden in den entsprechenden Arbeiten nicht systematisch untersucht, sodass dies nur als ein „Fingerzeig" gelten kann. Gleiches gilt für einen möglichen Zusammenhang zwischen der Fluktuation von Pflegenden und der Pflegekapazität in Altenpflegeeinrichtungen. In den beiden genannten Reviews finden sich Hinweise darauf, dass ein Zusammenhang zwischen einer höheren Pflegekapazität und einer geringeren Fluktuation besteht.

Blicken wir noch auf zwei größere empirische Studien, die sich mit dem Personalmix intensiv auseinandergesetzt haben. In der erstgenannten Untersuchung aus Bremen zur „Stabilität und Variation des Care-Mix in Pflegeheimen unter Berücksichtigung von Case-Mix, Outcome und Organisationscharakteristika (StaVaCare 2.0)" (Görres/Brannath 2020) lag der Schwerpunkt auf der Analyse des Zusammenhangs von Bewohner- und Mitarbeitercharakteristika und der Pflegequalität. In der danach erwähnten Studie zum „Personalmix in der stationären Langzeitpflege (PERLE)" (Brandenburg/Kricheldorff 2019) ging es im Kern um die derzeitige Gestaltung eines multiprofessionellen Personalmix in den untersuchten Einrichtungen.

e) StaVa-Care 2.0: Zusammenhänge zwischen Case-, Care-Mix, Organisation und Qualität in Pflegeheimen

Erstmals konnten in Deutschland auf Grundlage repräsentativer Daten Zusammenhänge zwischen der Zusammensetzung der Heimbewohnerschaft (Case-Mix), dem in Pflegeheimen an der pflegerischen Versorgung beteiligten Personal (Care-Mix), den Organisationscharakteristika der Einrichtungen (u. a. Größe, Trägerschaft, Pflegesystem) und dem Pflegeergebnis bzw.

der Pflegequalität (Outcome, gemessen an ausgewählten gesundheitsbezogenen Variablen der Heimbewohnerschaft) umfassend untersucht werden. Das von November 2017 bis Oktober 2019 durchgeführte Projekt wurde vom GKV-Spitzenverband gefördert und basierte auf der Pilotstudie StaVa-Care-Pilot (Görres u. a. 2014). Im Ergebnis konnte ermittelt werden, dass der „Care-Mix nicht nur auf der Basis der Pflegegrade in ein Verhältnis zum Case-Mix gesetzt ist, sondern dass auch andere Einzelindikatoren wie z.B. starke Schmerzen, chronische Wunden, herausforderndes Verhalten, Mobilitätseinschränkungen, Harnwegsinfektionen und Flüssigkeitsmangel Quantität und Zusammensetzung des Care-Mix je nach Situation bestimmen. Der Care-Mix ist insofern keine durchweg statische Größe in alleiniger Abhängigkeit vom gegebenen Case-Mix in Form der Pflegegrade“ (Görres u. a. 2021, S. 166). Damit wird ein Befund von Brühl aus der PiWaBü-Studie (Brühl/Planer 2019) bestätigt, auf den weiter unten noch gezielter eingegangen werden muss. Beobachtet werden konnte auch ein hoher Grad an dynamischen Anpassungsszenarien, je nach Situation in den entsprechenden Wohnbereichen. Interessanterweise konnte kein Zusammenhang zwischen Organisationsmerkmalen und Bewohneroutcomes festgestellt werden. Dieser Befund wird mit der Vielzahl der gemessenen Variablen zu erklären versucht, die möglicherweise den Einfluss von Trägerschaft, Größe und Lage der Einrichtungen nicht zur Geltung bringen konnten. Interessant ist darüber hinaus, dass einige weit verbreitete Maßnahmen der Qualitätsentwicklung, wie z.B. Supervision, Fallbesprechungen, Mitarbeitergespräche, offenbar keine Auswirkungen auf die Qualität der Bewohnerversorgung, bestenfalls auf die Zufriedenheit der Mitarbeiter/innen, haben. Allerdings konnte bei der Durchführung von Qualitätszirkeln ein positiver Effekt nachgewiesen werden. Wenn man das Fazit aus der vorliegenden StaVaCare 2.0-Studie zu ziehen versucht, dann wird die Komplexität der Qualitätsmessung und der mit ihr assoziierten Personalmixmodelle noch einmal sehr deutlich, da „nicht von einer konsistent positiven Assoziation zwischen unterschiedlichen Qualifizierungsniveaus des Pflegepersonals in Bezug auf Case-Mix und Bewohner/innen-Outcomes in der stationären Langzeitversorgung ausgegangen werden kann“ (Görres u. a. 2021, S. 169).[4]

4 Damit werden Ergebnisse aus älteren Studien zum gleichen Gegenstand bestätigt: Spilsbury u. a. (2011) haben in ihrer bekannten Übersichtsarbeit insgesamt 50 Originalarbeiten zusammengefasst, bei denen 42 Qualitätsindikatoren zur Messung heranzogen wurden. Die Schlussfolgerung lautete, dass es nicht möglich ist, verbindliche Aussagen

f) PERLE: Personalmixmodelle in der Alltagspraxis der stationären Langzeitpflege

Im Unterschied zu vielen anderen Untersuchungen fokussierte PERLE auf die tatsächlich beobachtbare Praxis der Pflegemixmodelle in den Einrichtungen. Zwei Fragen standen im Vordergrund: Erstens wurde eruiert, welche Pflege- und Unterstützungsbedarfe Bewohner/innen in der Langzeitpflege vorliegen und zweitens, ob und in welcher Art und Weise der Personalmix konkret vor Ort gestaltet wird. Das Projekt wurde vom Ministerium für Soziales und Integration in Baden-Württemberg finanziert und im Rahmen des Förderprogramms „Innovation Pflege" von 2015 bis 2017 durchgeführt. Im Ergebnis bestätigte sich die Ausgangsthese, die davon ausging, dass es verschiedene Formen des Personalmix in der Praxis gibt, die jedoch noch eher einen experimentellen Charakter haben und nicht wirklich ausgereift sind. Die konkreten Versuche einer Umsetzung des Personalmix oszillieren zwischen einem Bewältigungsparadigma (in Hinblick auf den aktuellen Personalnotstand) und einer konzeptionellen Neuausrichtung (in Hinblick auf die Quartiersöffnung). Es gibt Ansätze, die vorwiegend auf ein „familienorientiertes" Modell setzen, den Personalmix als „innovative Inszenierung und Bewältigung widersprüchlicher Alltagsanforderungen" realisieren oder eine überwiegend medikal geprägte Professionalisierungsstrategie pflegerischer Fachkräfte verfolgen. Der Mainstream favorisiert eine mehr oder weniger eindeutige Abgrenzung von Tätigkeitsprofilen dergestalt, dass der (Fach)-Pflege behandlungspflegerische Aufgaben zugewiesen und der soziale und auch der hauswirtschaftliche Bereich davon separiert werden. Dabei wird der Begriff „Personalmix" als Zusammenfassung für Arbeitsprozesse und auch damit einhergehenden Regulation von Arbeitsengpässen verstanden. Es geht um die Reaktionsfähigkeit auf Alltagssituationen, in denen Personalengpässe an der Tagesordnung stehen. Die „neuen" Berufsgruppen, wie Alltagsbegleiter/innen, z.T. mit geringer Qualifikation, erhalten zum Teil sehr umfassende Aufgaben, die kein klares Profil erkennen lassen und häufig einen eher überbordenden und auch überfordernden Anteil sichtbar machen. Die mit dieser Aufgabenteilung verbundene Funktionalisierung und Spezialisierung konterkariert ein „ganzheitliches" Modell, was allerdings in der Pflege immer schon mit einer gewissen „Übergriffigkeit" verbunden war. Die Übernahme von

---

zum Zusammenhang zwischen Pflegepersonalbesetzung und Versorgungsqualität auf Grundlage der damals verfügbaren Evidenz zu treffen.

grundpflegerischen Arbeiten durch nicht pflegerisch qualifizierte Personen kann heute bereits als „normal" in Pflegeheimen angesehen werden. Aber immerhin – einige Einrichtungen haben sich auf den Weg gemacht und versuchen neue Kooperationsformen zwischen Pflege, Sozialarbeit und Hauswirtschaft zu entwickeln. Aber bei der Festlegung von Aufgaben- und Kompetenzprofilen und eines konkreten Skills- und Grade-Mix tun sich die meisten Einrichtungen (noch) schwer. Mit welchen Strategien sie dies realisieren, welche Widersprüche dabei in Kauf genommen werden und welche Ergebnisse bereits vorliegen, wird in den Kontexturanalysen sehr deutlich und exemplarisch greifbar (vgl. umfassend hierzu: Brandenburg 2019). Insgesamt war ein höherer Anteil an gering qualifizierten Mitarbeiter/innen mit niedriger Lebensqualität der Bewohnerschaft assoziiert. Ebenfalls korrelierten niedrige Werte bezogen auf die Pflegefachkräfte mit geringeren Lebensqualitätswerten. Insgesamt wurde auch hier – ähnlich wie bei StaVaCare 2.0 – die hohe Komplexität der Situation vor Ort deutlich. Man kann aber sagen, dass eine „höhere Lebensqualität der Bewohner damit korreliert, wie ausgeglichen das Verhältnis von Mitarbeiterzahl pro Bewohner ist" (Kricheldorff/Brandenburg 2019, S. 238) – letztlich ein Hinweis auf einen gelungenen Personalmix.

Aus den vorliegenden empirischen Studien kann vieles für unseren Bereich gelernt werden. Vier Punkte sollen genannt werden.

1) Die eine Botschaft ist natürlich, dass die Ergebnisse der US-Studien nicht eins zu eins auf unsere Situation in der Langzeitpflege übertragbar sind. Denn die Operationalisierung der Personalmixmodelle lässt – wie oben bereits erwähnt – nicht-pflegerische Berufsgruppen außer Acht. Hinzu kommt auch, dass das Verhältnis von Teil- und Vollzeit in den typischerweise verwendeten Kennzahlen, d.h. den „Hours Per Resident Day (HPRD)", welche die Summe der vorgehaltenen Arbeitsstunden der jeweiligen Qualifizierungsgrade in der Pflege mit der Anzahl der Bewohner/innen teilt, nicht erkennbar wird. Ebenfalls fokussiert die amerikanische Debatte auf andere Themenschwerpunkte als die deutsche Fachdiskussion – die Öffnung der Heime wird z.B. völlig außer Acht gelassen (vgl. hierzu: Houdelet/Rittershaus 2020).

2) Die andere – entscheidende – Botschaft lautet aber, dass der Skill- und Qualifikationsmix des (Pflege)-Personals eine wichtige Determinante der Pflege- und Versorgungsqualität (weniger der Lebensqualität) ist. Ohne ausreichendes und vor allem adäquat qualifiziertes Personal kann eine fachlich und ethisch verantwortbare Versorgung in den Einrichtungen nicht aufrechterhalten werden. Es wäre allerdings verkürzt, nur auf die blo-

ße Zusammensetzung des Personals zu achten. Denn der Blick auf strukturell-quantitative Aspekte (Anzahl der Mitarbeiter, Alter, Geschlecht, Ethnie, Qualifikation etc.) ist nur eine Seite der Medaille. In der Forschung wird daher eine Akzentverschiebung vorgeschlagen – vom „reinen" Personalmix hin zum „skill management" (Wissen, Aufgaben, Kompetenzen, Verhalten, etc.).

3) Die dritte Botschaft, bezogen auf die Ergebnisse der im PERLE-Projekt extrahierten Personalmixmodelle, lautet an die Politik, nicht nur ein Personalbemessungsinstrument in Auftrag zu geben, sondern ein praktikables Instrument den Heimen zur Verfügung zu stellen, welches sie in die Lage versetzt, den Personalmix auf die Bedürfnisse von Bewohner/innen und Mitarbeiter/innen abzustimmen. Dabei sollten mehrere Berufsgruppen involviert sein: Pflege, Soziale Arbeit (und Alltagsbegleitung) sowie Hauswirtschaft. Zudem sollte auch die Öffnung der Heime (neu) ins Spiel gebracht werden. Ebenfalls sind mehrere Qualifikationsgrade zu berücksichtigen, die Anleitungsfunktion muss aber (neu) professionalisiert werden. Schließlich ist auch der kulturellen Vielfalt des Personals Rechnung zu tragen, interkulturelle Teamentwicklung ist nur ein Stichwort (z.B. Stagge 2022).

4) Und als letzte Botschaft – für die Heime selbst – gilt, dass sie ein Konzept für den Personalmix entwickeln müssen. Ohne akademische (Pflege)-Fachkräfte geht es dabei nicht. In diesem Zusammenhang spielen Qualifizierung des Personals, Aufbau und Begleitung multiprofessioneller Teams, kritische Evaluation von Fallbesprechungen sowie letztlich Einbettung in ein personenzentriertes Einrichtungskonzept eine entscheidende Rolle. Vor allem der Einsatz von akademischem Pflegepersonal macht einen Unterschied – so jedenfalls die Ergebnisse der begleitenden Reflexion zum Förderprogramm „360° Pflege – Qualifikationsmix für Patient:innen – in der Praxis" (Deutsches Institut für angewandte Pflegeforschung [DIP] 2022), auf das nun abschließend eingegangen werden soll.

Das Programm wurde in vier Sektoren entwickelt (Akutkrankenhaus, ambulante Pflege, Rehabilitation und stationäre Langzeitpflege[5]), die sich am Deutschen Qualifikationsrahmen (DQR) orientieren und auf die Bereiche Aufgabenbeschreibungen, Kooperationen, Karrierewege und or-

5 Das Projekt wurde bei der Johanniter Seniorenhäuser GmbH mit Standort Münster und Bremen JSH in der Zeit vom 01.08.2019 bis 31.12.2021 über 29 Monate durchgeführt.

ganisatorische Aspekte eingehen (Robert Bosch Stiftung [RBS] 2019). Im Kern haben sich im Förderprogramm neben den verschiedenen, bestehenden beruflichen Qualifikationen und Profilen in der Versorgungspraxis zwei weitere Profile akademisch qualifizierter Pflegefachpersonen (AQP) in den gesundheits- und pflegebezogenen Einrichtungen herausgebildet und bewährt (dies gilt auch für die Langzeitpflege): Auf Bachelorebene handelt es sich damit um das Profil einer Pflegefachleitung, die in die Teams auf Stations-, Wohnbereichs- oder ambulanten Organisationseinheiten integriert wird und dort auch Leitungsaufgaben in Hinblick auf entsprechende fachliche Fragen übernimmt. Und auf Masterniveau (international zumeist als Advanced Practice Nurses [APN] bezeichnet) wurden im Förderprogramm die Stelleninhaberinnen und -inhaber als Pflegeexpertinnen und -experten übergreifend für Abteilungen oder zentral in Einrichtungen zumeist mit vollem Stellenumfang eingesetzt, um zu spezifischen Themen auf der Grundlage ihrer Expertise zu intervenieren und erkrankte wie pflegebedürftige Menschen und ihre Angehörigen, aber auch Pflege-Teams und Angehörige anderer Professionen zu beraten. Um es in den Worten des Abschlussberichts zu formulieren: „Ein Ziel der nächsten Jahre muss es sein, den erweiterten Qualifikationsmix flächendeckend einzuführen. Die Konzepte, Erfahrungen und Erkenntnisse aus dem Förderprogramm können und sollen anderen Einrichtungen bei der Vorbereitung und Einführung des erweiterten Qualifikationsmix als Blaupausen dienen. Parallel hierzu sollte die eigenständige Heilkundeausübung durch die Pflege aktiv vorangetrieben werden. Ab 2023 stehen in den Bundesländern entsprechende Modellvorhaben nach § 64d SGB V an. In der Folge sollten Pflegefachpersonen bei entsprechender Qualifikation zukünftig in allen Bereichen eigenständig zu verantwortende, erweiterte Kompetenzen in Diagnostik und Therapie bezogen auf die fundierte Ausgestaltung von Pflegeprozessen übernehmen können“ (Deutsches Institut für angewandte Pflegeforschung e.V. [DIP] 2022, S. 69).

4 Das neue Personalbemessungsverfahren – ein kritischer Blick aus pflegewissenschaftlicher Perspektive[6]

Der Gesetzgeber hat bereits 2016 festgelegt, dass ein wissenschaftlich fundiertes Verfahren zur einheitlichen Messung des Personalbedarfs in Pflegeeinrichtungen entwickelt werden soll. 2020 wurden die entsprechenden Ergebnisse des Projekts „Entwicklung und Erprobung eines wissenschaftlich fundierten Verfahrens zur einheitlichen Messung des Personalbedarfs in Pflegeeinrichtungen" (PeBeM) vorgelegt. Ein Konsortium unter Federführung des Gesundheitsökonomen Heinz Rothgang von der Universität Bremen hat die Studie durchgeführt (Rothgang/Projektteam PeBeM 2021, SOCIUM 2020). Berechnet wurde, dass in der stationären Langzeitpflege ca. 40% mehr Personal erforderlich ist, dabei handelt es sich aber ganz überwiegend um Assistenzpersonal mit und ohne Ausbildung. Der Mehrbedarf an Fachpersonal wird auf ca. 5% geschätzt. Somit verschiebt sich letztlich das Verhältnis der Fachpflege zu den Assistenz- und Hilfskräften. Zum Anteil akademisierten Personals wird nur abschließend allgemein Stellung genommen. Drei Punkte (a bis c) sollen zunächst betont werden, bevor noch drei wesentliche Aspekte (1 bis 3) betont werden.

a) Im Rahmen eines SOLL-IST Vergleichs wurde in 62 vollstationären und 7 teilstationären Einrichtungen unter der Beteiligung von insgesamt 1.380 Bewohner/innen und 163 Tagespflegegästen eine umfangreiche Datenerhebung durchgeführt. Diese erfolgte von April bis Oktober 2018 durch 241 speziell auf die konsentierten Erhebungsinstrumente geschulte und erfahrene Pflegefachpersonen in einer sogenannten „Beschattung". Dabei handelte es sich um eine Eins-zu-Eins-Zuordnung zwischen den leistungserbringenden Pflegekräften der Einrichtungen und den Personen, die für die Datenerhebung zuständig waren. Gemessen wurden u. a. die Zeit für die Durchführung der entsprechenden Maßnahme, die Notwendigkeit und Qualität ihrer Durchführung sowie die Angemessenheit der Qualifikation der Durchführenden. Grundlage war ein detailliert erstellter Interventionskatalog von 107 Interventionen, die in einem Interventionshandbuch zusammengefasst waren. Eine Liste zu Qualifikationsanforderungen legte für jede Intervention auf Grundlage des Schwierigkeitsgrades der Aufgaben

6 An dieser Stelle kann weder die Komplexität der Datenerhebung, die methodische Durchführung noch die Vielzahl der Befunde ausreichend gewürdigt werden.

in Abhängigkeit von Bewohnertypen (BI-Ausprägung)[7] die für die fachgerechte Erbringung der Interventionen notwendigen Qualifikationsanforderungen fest. Es sollte schlussendlich eingeschätzt werden, was tatsächlich in der konkreten Pflegearbeit geschah und ob dies den fachlichen und qualifikatorischen Anforderungen entsprach.

b) Im Ergebnis wurden 144.000 Interventionen dokumentiert und festgestellt, dass beim Assistenzpersonal eine breite (Nach-)Qualifizierung notwendig ist. Zukünftig soll nur 4% des Gesamtpersonals aus angeleiteten Personen ohne Ausbildung bestehen, ein Viertel aus Personen mit einem Pflegebasiskurs oder Betreuungsschulung (nach §53c SGBXI), ein Drittel aus ein- oder zweijährig ausbildeten Pflegehelfer/innen und nur noch knapp 40% aus Pflegefachpersonal. Ganz abgesehen davon, dass bereits in der vormals geltenden 50%-Fachkraftquote nicht ausschließlich Pflegefachkräfte inkludiert waren, bedeutet dies letztlich eine deutliche Absenkung des Fachkraftanteils.

c) Grundsätzlich muss festgehalten werden, dass es richtig und wichtig war (und ist) ein Verfahren zur bundeseinheitlichen Personalbemessung in der Altenpflege erstellen zu lassen. Denn es war schon länger bekannt, dass im Hinblick auf den Schweregrad der Pflegebedürftigkeit nur ansatzweise Unterschiede zwischen den Bundesländern existieren - allerdings gravierende Differenzen in der Personalausstattung. So wurde der Befund erhoben, „dass etwa in Brandenburg pro Beschäftigtem 27% (ungewichtet) bzw. 29% (gewichtet) mehr Pflegebedürftige versorgt werden müssen als in Bayern“ (Rothgang 2018). Dennoch sind einige kritische Anmerkungen aus pflegewissenschaftlicher Sicht, vor allem aus der Perspektive der Gerontologischen Pflege (z.B. Brandenburg/Güther 2015), notwendig. Wenn wir uns an dem Referenzkriterium eines komplexen klinischen und psychosozialen Unterstützungsbedarfes der Bewohner/innen in den unterschiedlichen Pflegegraden in der Langzeitpflege orientieren, dann ist der Blick auf die Orientierung am NBA, das Pflegeverständnis und die vernachlässigten Aspekte weiterführend. Ich stütze mich überwiegend auf den Kommentar von Bartholomeyczik u. a. (2021), die PiBaWü-Studie von Brühl/Planer

7 Die Abkürzung „BI“ bezieht sich auf das Begutachtungsinstrument. Grundlage ist das (ehemals) neue Begutachtungsassessment (NBA) der Pflegebedürftigkeit von Wingenfeld u. a. (2008, 2011).

(2019), den Endbericht von PeBeM (SOCIUM 2020)[8], ergänzt um eigene Akzentsetzungen.

1) Die Orientierung am NBA (bzw. BI)

In PeBeM wurden Art und Ausmaß der Pflegebedürftigkeit und der damit verbundene Pflegeplan auf der Grundlage des Neuen Begutachtungsassessment (NBA) ermittelt. Damit ist die Annahme verbunden, dass die Pflegegrade nach §14 SGB XI adäquat Pflegebedürftigkeit differenzieren können. Das ist aber nach Berechnungen des Statistikers Brühl nicht der Fall, denn die Pflegegrade „erklären maximal nur 23% (in der PiSaar-Studie waren es 23%, vgl. Brühl/Planer 2015) der Varianz von Pflege- und Betreuungszeit und differenzieren damit die Pflege- und Betreuungszeiten schlechter als die bis 2016 gültigen Pflegestufen (Brühl/Planer 2019, S. 12)[9]. Daher sollte

8 Weiterführend für eine kritische – und abgewogene – Einschätzung ist auch das Kapitel 16 des Abschlussberichts PeBeM. Es beinhalt die Ergebnisse von 10 Experteninterviews und einer Gruppendiskussion u. a. mit Einrichtungsleitungen, wissenschaftlichen Expert/innen sowie Fachleuten aus den Bereichen Consulting, Digitalisierung und Arbeitsschutz. Im Ergebnis wird ein z.T. recht kritischer Blick auf Design, Methodik und Befunde von PeBeM geworfen. Bemerkenswert sind aus meiner Sicht vor allem die Überlegungen zu zwei zentralen Bereichen, nämlich der Organisations- und Personalentwicklung. In Hinblick auf die Organisation wird u. a. auf die Notwendigkeit der Neukonturierung von Aufgaben von Pflegefachkräften verwiesen. Auch vor übertriebener Hoffnung beim Einsatz akademischer Pflegefachkräfte, die quasi als „Neulinge“ für die Lösung aller Probleme zuständig gemacht werden, wird gewarnt. Wichtig sind auch die Kommentare zur Personal- und Karriereentwicklung der Mitarbeiter/innen (bei bestehenden Personalengpässen). Empfohlen werden ein Instrumentenkoffer, verbindliche Schulungen sowie externe Begleitung. Auch die Vorschläge zur Verbesserung des Betriebs- und Gesundheitsschutzes dürfen nicht unerwähnt bleiben, auch gerade angesichts des hohen Belastungsgrads in der Altenpflege (vgl. hierzu: Büscher/Hülsken-Giesler 2021, Institut DGB-Index Gute Arbeit 2022) und der fehlenden Anerkennung und Wertschätzung der Pflegenden (Auffenberg/Heß 2021). Ein letzter Gedanke muss noch geäußert werden, der übrigens auch kurz im Bericht selbst angesprochen wird: die Engführung auf eine tayloristisch-technokratische Machbarkeitslogik. Letztlich ist man das überzeugt (wie übrigens die Politik und die Kostenträger), dass die richtigen Anreize genügen werden, um das anvisierte Ziel auch erreichen zu können. Das mag vordergründig richtig sein, in der „Tiefenbohrung“ kommt dieser Zugang an Grenzen. Es geht am Ende um den Habitus der Pflegenden, der nicht allein mit den in PeBeM diskutierten Zugängen versteh- und modifizierbar sein wird (Brandenburg 2023).

9 Das kann unterschiedliche Gründe haben. Zum einen werden Konstruktionsmerkmale des NBA dafür verantwortlich gemacht, welches mit 67 überwiegend vierfach abgestuf-

ein Personalbemessungssystem nicht auf die Pflegegrade aufgebaut werden. Werden die Pflegegrade trotz fehlender Validität zur Berechnung und damit zur Verteilung von Personalressourcen genutzt, führt dies zu großen Unterschieden in der Personalausstattung zwischen den Einrichtungen" (Brühl/Planer 2019, S. 12). Interessanterweise wird auf diese Problematik – auch in Auseinandersetzung mit der Arbeitsgruppe von Brühl – im Endbericht zu PeBeM explizit verwiesen (SOCIUM 2020, S. 362 ff.). Allerdings kam man zu anderen Ergebnissen, denn die Validität der Pflegegrade lag mit rund 55% deutlich besser, als die empirischen Ergebnisse von PiSaar (Brühl/Planer 2013) und PiWaBü (Brühl/Planer 2019) es haben vermuten lassen. Als Begründung für den Unterschied wird u. a. angegeben, dass sich einerseits das methodische Vorgehen in den Datenerhebungen (Selbstaufschriebe versus Beschattungen, Integration von Betreuungsleistungen und indirekten Pflegeleistungen vs. Konzentration auf direkte Pflege) deutlich von demjenigen in anderen Studien unterscheidet, andererseits wurde vor allem ein anderer Endpunkt der Datenerhebung verfolgt. Denn: „Während alle anderen Studien die Leistungserbringung im IST betrachten und somit die Frage nach der vorhandenen Personalmenge bearbeiten, fokussiert die PeBeM-Studie das fachlich notwendige SOLL der Leistungserbringungen und bearbeitet somit die Frage nach der bedarfsorientiert notwendigen Personalmenge. Sie ist somit die einzige Studie, die über die erforderliche Datenstruktur zur Ausarbeitung eines Personalbemessungsverfahrens verfügt, dessen Algorithmus auf Basis empirischer Daten parametrisiert werden soll und kann" (SOCIUM 2020, S. 363).[10]

ten Einzelmerkmalen (nur) fünf Pflegegrade abbildet. Damit ist u. a. die Konsequenz verbunden, dass sich Bewohner/innen mit gleichem Pflegegrad im Aufwand der notwendigen Pflegearbeiten deutlich unterscheiden und damit eine hohe Heterogenität aufweisen. Zum anderen ist – neben körperlichen Einschränkungen – die Interaktionsfähigkeit der Bewohner/innen ein entscheidendes Differenzierungskriterium, wenn es um Unterschiede der Pflege- und Betreuungszeiten geht – so die Rückmeldungen zu den PiBaWü-Ergebnissen in der Pflegepraxis (vgl. auch Brühl/Planer 2019, S. 109).

10 Darüber hinaus wird als Begründung für die unterschiedliche Erkenntnislage angegeben, dass durch die elektronische Echtzeiterfassung mit systematischer Erhebungslogik basierend auf einen konsentierten Interventionskatalog in PeBeM eine präzise IST-Messung möglich war. Denn um einen tatsächlichen Personalbedarf ermitteln zu können, wird die Darstellung von einfachen IST-Zeiten, wie es in anderen Studien (z.B Brühl/Planer 2013, 2019; Glaser/Seubert 2018; Wingenfeld 2010) üblich war, als nicht ausreichend angesehen. Vielmehr wurden mit der pflegewissenschaftlichen Definition der Pflegebedarfe und der interventionsbezogenen SOLL-Korrektur in den Dimensionen SOLL-Zeit, SOLL-Menge und SOLL-Qualifikation in PeBeM „innovative Elemente implementiert, die über die Erfassung des aktuellen Leistungsge-

Bemerkenswert ist allerdings, dass eine Diskussion der diesbezüglich divergierenden Ergebnisse zwischen den Studienteams offenbar geplant war, aus „terminlichen Gründen“ (SOCIUM 2020, S. 364) bisher jedoch nicht zu Stande gekommen sei, aber weiterverfolgt wird.

2) Das Pflegeverständnis

Der Schwerpunkt im Interventionshandbuch lag auf körpernahen medizinaffinen Maßnahmen, deren Relevanz an dieser Stelle nicht grundsätzlich in Frage gestellt werden soll. Man muss allerdings fairerweise darauf verweisen, dass das Spektrum der Interventionen durchaus breit gewesen ist und auch rehabilitativ-fördernde Pflegeaspekte mit inkludiert hat (vgl. dazu vertiefend Dierbach 2023). Dennoch kann ein klinischer Fokus das Gesamtspektrum der Lebensqualität der Bewohner/innen nur ansatzweise abbilden. Das gilt vor allem dann, wenn man die Öffnung von Heimen (und damit auch stärker bildungs- und kulturorientierte Aktivitäten und Angebote) im Blick hat und nicht primär auf den Einschränkungsgrad fokussiert. Zweitens muss kritisch angemerkt werden, dass sich im Interventionskatalog ein Pflegeverständnis findet, welches die Pflege auf einzelne Tätigkeiten reduziert. An dieser Stelle muss nicht ein abstraktes Verständnis von „Ganzheitlichkeit“ bemüht werden (zur Kritik vgl. Stemmer 2001). Entscheidend ist der Gedanke, dass Ziele, Zusammenhänge und Verläufe bei dieser Einzelleistungslogik aus dem Blick geraten. Auch ist – drittens – zu fragen, ob es für ein substantielles pflegetheoretisches Verständnis ausreichend ist, mehr oder weniger eine Synopse wichtiger pflegetheoretischer Ansätze darzulegen (von Krohwinkel über Kitwood bis hin zum ICN-Kodex), diese aber nicht in ein theoretisches Modell zu integrieren, was explizit für die (stationäre Langzeitpflege) entwickelt wurde. Ich denke hier an die Arbeiten von Mike Nolan und seiner Arbeitsgruppe, die bereits

schehens hinausgehen und es ermöglichen, den tatsächlichen Bedarf zu erheben. Erst diese Daten ermöglichen nach Berücksichtigung des erforderlichen Qualifikationsniveaus der verschiedenen Pflegekräfte die Entwicklung eines bedarfsorientierten und präzisen Personalbemessungsinstruments, das den Anforderungen des § 113c SGB XI und des abgeleiteten Projektauftrags entspricht“ (SOCIUM 2020, S. 343). Die Schlussfolgerung: „Im Ergebnis sind die grundsätzlich vergleichbaren IST-Daten der PeBeM-Studie im Bezug zu anderer Empirie als valide einzustufen“ (SOCIUM 2020, S. 364).

seit den 1990er Jahren international diskutiert werden.[11] Auch die Literaturrecherche in Hinblick auf den Interventionskatalog verdient vor diesem Hintergrund eine Bemerkung. Denn warum orientiert man sich bei der Definition und Beschreibung der einzelnen Interventionen überwiegend an populären Lehrbüchern zu Pflegetechniken, die den internationalen Erkenntnisstand – gerade in Hinblick auf Interventionen bei alten, mehrfach erkrankten und von Demenz betroffenen alten Menschen – nur ausschnitthaft wiedergeben (können)? Hingewiesen werden sollte in diesem Zusammenhang auf die evidenzbasierten Praxisprotokolle, die seitens des College of Nursing der University of Iowa erstellt und online zugänglich sind, u. a. zur Förderung von Mobilität, Schmerzproblematik oder dem Umgang mit herausforderndem Verhalten. Hinzukommt viertens – und in diesem Zusammenhang möchte ich noch einmal auf die oberen Fallbeispiele verweisen – eine fachlich nur schwer begründbare Trennung von hoch- und minderwertigen Tätigkeiten, die bereits in den 1950er Jahren durch die sog. Nuffield Hospital Nursing Study kritisiert und zum Irrweg der sog. Grund- und Behandlungspflege geführt hat (grundlegend hierzu: Müller 1998). Denn die Konsequenz ist dann die „falsche Zuweisung administrativer Tätigkeiten an Fachkräfte und patientennaher Pflege hingegen an Assistenzkräfte“ (Hollick 2021, S. 57), die ja gerade dazu führt, dass bei personeller Unterbesetzung und Personalmangel die erfahrenen und qualifizierten Pflegepersonen *nicht* im direkten Bewohnerkontakt arbeiten und nahezu vollständig auf die adäquate Berichterstattung der Assistenz- und Hilfskräfte angewiesen sind – von Sprach- und Verständnisschwierigkeiten in multiethnischen Teams ganz zu schweigen (hierzu Stagge 2022).

---

11 Gemeint sind die sog. „Six Senses“, die sich aus Bedürfnissen der älteren Menschen ableiten ließen und sich gleichsam als Zielpunkte für pflegerisches Handeln anboten. Sie lauten im Einzelnen: Sicherheit (Security): sich sicher zu fühlen; Kontinuität (Continuity): einen Zusammenhang zwischen Vergangenheit, Gegenwart und Zukunft herzustellen; Zugehörigkeit (Belonging): sich als Teil einer Gemeinschaft zu erfahren und wichtige Beziehungen zu anderen eingehen und aufrechterhalten zu können; Zielgerichtetheit (Purpose): sinnvollen Aktivitäten nachzugehen und erstrebenswerte Ziele zu haben; Erfolg (Achievement): die gesetzten Ziele so zu realisieren, um selbst Erfüllung zu erfahren oder für andere etwas bewirkt zu haben; Wertschätzung (Significance): „etwas zu zählen“ und wertgeschätzt zu sein, aber auch das eigene Engagement als wirksam zu erfahren (vgl. vertiefend hierzu Nolan u. a. 2001, 2004, 2007; vgl. auch Boggatz 2020, Brandenburg 2018; Fenchel 2021; Owen u. a. 2012).

3) Die Desiderata

Verbunden mit der Kritik an der Orientierung des Messmodells am NBA und des reduzierten Pflegeverständnisses muss auf eine weitere Herausforderung verwiesen werden – das fehlende Professionalisierungsmodell in PeBeM. Vordergründig ist es unmittelbar einleuchtend, dass die Anforderungen an Zahl und Qualifikation von Pflegenden mit den Pflegegraden parallel steigen müssen. Das ist plausibel und entspricht auch den IST-Messungen im Projekt. Wie aber oben angedeutet wurde, haben wir es mit einer hohen Heterogenität bei pflegebedürftigen Menschen zu tun, was ja gerade das Credo der „Differentiellen Gerontologie" ist (Thomae 1968; Lehr 1972). Es ist sicher richtig davon auszugehen, dass Pflegegrad 1 nur einen eher geringen Zeitaufwand nach sich zieht, im Unterschied zu Pflegegrad 5, der darüber hinaus auch größeres fachliches Know-How erfordert. Aber was ist mit den Zwischenstufen? Reicht es wirklich aus, den Fokus auf die Bedürftigen je nach offensichtlichem Unterstützungsbedarf zu lenken? Oder ist es nicht auch angemessen, fachlich zwingend und auch hinsichtlich der Kostenentwicklung sinnvoll, wenn die Potentiale und Ressourcen derjenigen in den Blick genommen werden, die quasi zwischen den Extremen aus dem Blick geraten? Selbstverständlich brauchen auch die Pflegegrade 2-4 in vielen Feldern Unterstützung. Aber pflegewissenschaftlich ist dies nicht ausreichend, denn der Blick muss (auch) auf die zu fördernden Fähigkeiten gerichtet werden. Und dafür bleibt dann – erst Recht in dem Modell des NBA – keine „Zeit". Hier wird die Chance für die in den Selbstdarstellungen der Einrichtungen immer wieder betonte Förderung einer eigenständigen und selbstbestimmten Lebensführung verpasst. Denn die kann ohne eine aktivierende, rehabilitativ und ressourcenfördernde Pflege nicht sichergestellt werden. Dazu passt auch der Befund in PeBeM in Hinblick auf Maßnahmen, die selten (oder gar nicht vorkamen), aber aus pflegefachlicher Sicht zwingend notwendig gewesen wären. 14 Interventionen werden genannt, u. a. Steuerung des Pflegeprozesses, Pflegevisite, Ausbildungs- und Anleitungszeiten, etc. Ohne Zweifel sind dies Bereiche, die über die enge körperbezogene Pflegearbeit hinausgehen und stärker auf reflexive und analytische Kompetenzen setzen. Wenn aber keine Fallbesprechungen stattfinden, wie häufig bereits in der Corona-Pandemie zu beobachten war, wie soll ein „kollektives Lernen" (Buscher u. a. 2012) stattfinden? Und wenn der Bericht ein fast vollständiges Fehlen von Anleitungszeiten für Helfer und Auszubildende dokumentiert, dann verweist dies nicht nur auf fehlende Rahmenbedingungen, sondern auf einen geringen Professionalisierungsstand der Altenpflege insgesamt. Selbst wenn die Zahl der Assistenzkräfte signifikant erhöht werden sollte, müssen diese Personen auch fachlich adäquat durch erfahrenes Personal angeleitet werden. Und genau dessen Anteil – von den hochschulisch qualifizierten Personen, die bei der Datenerhebung nicht berücksichtigt werden ganz zu schweigen – soll ja reduziert werden.[12] Kurz und gut – alles was mit einer komplexeren und über das „normal business" hinausgehenden Pflegearbeit in Verbindung gebracht werden muss (von der Pflegediagnostik über die Pflegeplanung und – ganz wichtig – die Evaluation der Pflegemaßnahmen) findet nicht oder nur rudimentär statt. Diese Gesamtlage allein mit der Zunahme von (Assistenz-)Personal lösen zu wollen, ist aus meiner Sicht kein erfolgversprechendes Unterfangen und verstärkt am Ende die Logik des Misslingens, die wir – trotz eines extremen Engagements der Verantwortlichen in den Einrichtungen – seit vielen Jahren feststellen müssen. Meine abschließenden Überlegungen zu den Lehrpflegeheimen sollen mindestens eine Perspektive aufweisen.

Ein Wort noch zu den Empfehlungen von PeBeM. Natürlich ist es richtig, eine Roadmap zur Einführung der Personalbemessung vorzuschlagen, auch eine damit verbundene stufenweise Einführung anzumahnen. Es ist ohne Zweifel auch sinnvoll, die modellhafte Einführung mit der einer Personal- und Organisationsentwicklung zu verbinden. Das war aber vor der Studie auch bereits bekannt. Entscheidend wird sein, ob es gelingt die Neuparametrisierung des Algorithmus für eine bedarfsnotwendige Personalmenge mit drei Entwicklungen zu kombinieren. Zunächst denke ich hier an die Notwendigkeit der Ausbildung von Assistenzkräften, so wie es der Bericht vorsieht. Dafür ist aber die Steigerung der Attraktivität des Berufs-

---

12 Konkreter wird der Abschlussbericht des Deutschen Instituts für angewandte Pflegeforschung e.V. zum Förderprogramm der Robert Bosch Stiftung „360° Pflege – Qualifikationsmix für Patient:innen – in der Praxis". Dort heißt es: „Für eine sukzessive und flächendeckende Implementierung des erweiterten Qualifikationsmixes in allen rund 32.000 ambulanten und stationären Einrichtungen der Akut- und Langzeitversorgung in Deutschland, aber auch in Tausenden von Kommunen und Gesundheitszentren (Stichwort „Community Health Nursing") bräuchte es nach Berechnungen der wissenschaftlichen Begleitreflexion mindestens 100.000 Vollzeitstellen für AQP, darunter mindestens 70.000 Stellen für Bachelorqualifizierte und mindestens 30.000 Stellen für Masterqualifizierte. Bei üblichen Teilzeitquoten ist davon auszugehen, dass dazu mindestens 150.000 AQP zur Verfügung stehen müssten" (DIP 2022, S. 11). Konkret auf die Heime bezogen wird empfohlen, in den nächsten Jahren 15.400 VZÄ auf Bachelorniveau und 5.100 VZÄ auf Masterniveau zu qualifizieren.

bilds notwendig, auch wenn die Ausbildungszahlen leicht ansteigen. Herausfordernd wird es aber sein, ausreichend pflegepädagogisches Personal zu akquirieren und den Personalnotstand in diesem Sektor zu beseitigen. Damit verbunden ist als ein zweiter wichtiger Punkt, der ebenfalls im Bericht erwähnt wird, die Veränderung der Einrichtungen selbst zu nennen, da mehr Personal allein die Situation nicht verbessern wird. Aber das gelingt nicht von heute auf morgen. Vor allem angesichts einer Leitungsebene und Leitungskultur, die Innovationen eher zurückhaltend gegenübersteht. Von daher besteht auch hier ein Qualifizierungs- und Unterstützungsbedarf. Und wenn die Personal- und Organisationsentwicklung tatsächlich flächendeckend umgesetzt werden soll, dann bedarf es einer bundesweiten Initiative – die „State Coalition for Nursing Home Excellence" wird ganz am Schluss meines Beitrags erwähnt. Und schließlich – und darauf verweist der Bericht nur mit wenigen Zeilen in den letzten Bemerkungen – ist ein Zuwachs von akademischem Personal zwingend. Dass die Pflegepraxis dieser Entwicklung ablehnend, skeptisch und unverständig gegenübersteht (vgl. z.B. Keck 2022) ist kein Argument dagegen. Diese drei innovativen Ansatzpunkte münden letztlich in die „Teaching Nursing Homes", die jetzt noch vorgestellt werden. Dieser Gedanke soll nicht als Kritik, sondern als Ergänzung zu den Vorschlägen des SOCIUM-Konsortiums verstanden werden.

5 Eine Perspektive – Lehrpflegeheime

Es geht darum, dass sich Heime entwickeln und eine irritierende Lernkultur etablieren, so dass sie zu echten Innovationszentren für eine sektorenübergreifende Versorgung im kommunalen Raum werden können. Die Vorbilder aus dem Ausland sind vorhanden, hier ist die Rede von sog. „Teaching Nursing Homes" (TNH). Im Zentrum steht hier eine institutionalisierte Kooperation von Hochschulen, Ausbildungsstätten und der Praxis. Das Konzept der TNHs hatte seinen Ursprung in den 1980er Jahren in den USA, wurde international in verschiedenen Ländern umgesetzt, u. a. in Großbritannien, Skandinavien und Australien (vgl. umfassend hierzu den Literaturüberblick von Barnett 2014). Involviert waren führende Repräsentant/innen aus der Geriatrie (z.B. Rubinstein) und der Gerontologischen Pflege (z.B. Mezey). Grundlegendes Ziel war die Erhöhung des Wissens und der Kompetenz zur Pflege alter Menschen und damit einhergehend eine Verbesserung der medizinisch-pflegerischen Versorgungsqualität. Im

Mittelpunkt stand die Vernetzung von Forschung, der Versorgungspraxis und Ausbildung. Ein besonderer Fokus lag auf den handelnden Akteuren vor Ort, vor allem in einem Netzwerk von Auszubildenden, Studierenden sowie Dozent/innen der beteiligten universitären Fakultäten (vor allem der Medizin und der Pflegewissenschaft). Bereits vorhandene Forschungsergebnisse bescheinigen dem Konzept, dass mit seiner nachhaltigen Umsetzung die Weiterqualifizierung der Handelnden vor Ort verbunden war (Mezey u. a. 1989). Als „harte" Outcomes werden erwähnt, dass die Einweisung in Krankenhäuser verhindert bzw. reduziert wurde (Shaugnessy 1995), eine evidenzbasierte Praxis und Forschung im Bereich des Kontinenzmanagements, der Sturzprävention sowie der Wundversorgung implementiert (Wallace/Trossman 2003) und in der Folge der Funktionsstatus und die Lebensqualität der Bewohner/innen verbessert werden konnten (Wieland u. a. 1986). Interessanterweise haben TNH-Programme dazu geführt, dass Studierende nach ihrem Studium qualifizierte Positionen in der Altenpflege ("aged care post-graduate positions") übernommen haben (LeCount 2004). Auch Befunde aus Europa bestätigen diese Entwicklungen und heben darüber hinaus hervor, dass der Theorie-Praxis Transfer innerhalb und zwischen den Pflegeeinrichtungen verbessert und am Ende auch die Partizipation der einzelnen Berufsgruppen gesteigert wurde (Kirkevold 2006).

Insgesamt wurden also die mit der Grundidee verbundenen Hoffnungen erfüllt. Evaluationen zeigten jedoch auch, dass eine nachhaltige Umsetzung nur mit jenen Pflegeheimen möglich war, die bestimmte strukturelle Qualitätsanforderungen erfüllen konnten (Mezey u. a. 2008, S. 9). Hierzu gehörte, dass die Einrichtung über auseichend ausgebildetes Personal verfügte, ein interdisziplinäres Team aufgebaut hatte, mit einem Bildungsanbieter kooperierte sowie ein funktionierendes Qualitätsmanagementsystem nachweisen konnte, welches den Fokus auf die interne Qualitätsentwicklung gelegt hatte. Als bedeutsam wurden ebenfalls die nachhaltige finanzielle Unterstützung, ein reflektiertes pädagogisches Programm sowie die verbindliche Zusammenarbeit der verschiedenen Partner eingeschätzt (zu den hemmenden und fördernden Faktoren siehe Mezey u. a. 1997). Als Konsequenz dieser Entwicklung kann festgehalten werden: Das innovative und erfolgversprechende Potential von akademischen Lehrpflegeheimen, basierend auf dem "Teaching-Nursing-Home" Ansatz, liegt in dem unabdingbaren gemeinsamen »Tun« der handelnden Akteure vor Ort. Die Umsetzung des Konzepts gelingt nur dann, wenn alle Beteiligten auf Augenhöhe vernetzt agieren, jeweils im Rahmen der eigenen Zugänge und Professionen. Voraussetzung dafür ist, dass alles getan wird, um aus Heimen „verlernende

Organisationen" (Baecker 2003) zu machen, die mit einer innovativen Führungscrew und engagierten Mitarbeiter/innen nicht nur „normal Business" im Blick haben, sondern ein gutes Leben für alle Beteiligten in den Institutionen. Darin liegt der Charme des Konzepts.

6 Epilog: Die Notwendigkeit einer substantiellen Reformdebatte in Hinblick auf die Langzeitpflege

Was bleibt? Vor allem die Erkenntnis, dass nicht nur an einer Schraube gedreht werden kann. Mindestens drei komplexe Einflussbereiche auf die Pflege-, Versorgungs-, und Lebensqualität sind zu beachten, die im Rahmen einer „kritischen Diskussion zur bisherigen Qualitätsdebatte" (Hasseler 2019) genannt wurden: Das ist die Personalzusammensetzung (verbunden mit den Arbeitsbedingungen sowie den sie bestimmenden Umweltfaktoren), das ist der Führungsstil (vor allem die „Philosophie" des Managements), und das sind die politischen Rahmenbedingungen, etwa in Hinblick auf (Fehl-)Anreize für renditeorientierte Investoren[13]. Wenn man wirklich weiterkommen will in Richtung Innovation (vgl. Schulz-Nieswandt 2021), dann muss ein Reformkonzept entwickelt werden, welches die drei genannten Bereiche in den Blick nimmt.

Ein linearer Zusammenhang von Struktur-, Prozess- und Ergebnisqualität lässt sich empirisch nicht nachweisen, die Dinge sind – wie immer – komplex. Aber ohne Zweifel spielt die Personal- und Organisationsentwicklung eine Schlüsselrolle – wie auch im Rothgang-Gutachten zu Recht angemerkt wird (Rothgang/SOCIUM 2020). Dies sollte allerdings nicht nur in „Modelleinrichtungen" vorgeführt werden, sondern die Umsetzung geeigneter Konzepte muss flächendeckend und nachhaltig realisiert werden. Dazu wäre bundesweit die Bildung einer „State Coalition for Nursing Home Excellence" (vgl. Beck u. a. 2014) notwendig, die in anderen Ländern längst erprobt wird. Hier geht es darum, dass sich die Heime stärker untereinander vernetzen und ihre Erfahrungen regelmäßig austauschen. Die Konzepte liegen dafür alle vor. Es ist an der Politik (in Verbindung

---

13 Der genannte Beitrag von Hasseler beginnt allerdings mit dem Hinweis auf die unterschiedlichen Perspektiven auf die Qualität in der Langzeitpflege. Die Befunde zeigen, dass Bewohner, Angehörige und Pflegende z.T. sehr verschiedenartige Merkmale für bedeutsam halten. Während auf Bewohnerseite eher die Beziehungsqualität akzentuiert wird und seitens der Angehörigen stärker Sicherheitsaspekte betont werden, so achten Pflegende vermehrt auf physische Bedürfnisse und Einschränkungen.

mit den Fachgesellschaften und den Trägerverbänden) hier eine Debatte anzustoßen, die letztlich die (stationäre) Langzeitpflege nicht nur als gesellschaftliches „Entsorgungsfeld“ für gebrechliche alte Menschen, sondern als Innovationsforum adressiert. Damit muss auch die Renaissance einer gemeinwohlorientierten Altenpflege in den Blick genommen werden. Wenn dieses Ziel verfehlt wird, dann wird die Altenpflege vollends zum Geschäftsmodell pervertieren, dessen negative Auswirkungen in den USA und Kanada aber auch längst in Europa erkennbar werden.

Literatur

Aiken, Linda u. a. (2014): Nursing staffing and education in hospital mortality in nine European countries: A retrospective observational study. Lancet 383, S. 1824-1830.

Aiken, Linda u. a. (2017): Nursing skill mix in European hospitals: Cross-sectional study of the association with mortality, patient ratings, and quality of care. BMJ quality & safety 26, S. 559-568.

Auffenberg, Jennie/Heß, Moritz (2021): Pflegekräfte zurückgewinnen – Arbeitsbedingungen und Pflegequalität verbessern. Bericht zur Studie „Ich pflege wieder, wenn...“ der Arbeitnehmerkammer Bremen und des SOCIUM der Universität Bremen. https://media.suub.uni-bremen.de/bitstream/elib/4712/1/Bericht_zur_Studie_Ich_pflege_wieder_wenn_Langfassung.pdf. Letzter Abruf: 20.11.2022.

Baecker, Dirk (2003): Die verlernende Organisation. In: Baecker, Dirk (Hrsg.): Organisation und Management. Frankfurt am Main: Suhrkamp, S. 179-197.

Barnett, Kate (2014): Exploring the Teaching Nursing Home Model: Literature Review to Inform the National Evaluation of the TRACS Program, Adelaide: Australian Workplace Innovation & Social Research Centre. The University of Adelaide.

Bartholomeyczik, Sabine/Höhmann, Ulrike/Weidner, Frank (2021): Personalbemessung in der stationären Altenpflege. Einige Anmerkungen zum Projekt PeBeM des Bremer SOCIUM. Pflege & Gesellschaft 26, (2), S. 181-185.

Bartholomeyczik, Sabine (2021): Pflegetheorie: Bedeutung für Praxis und Gesundheitspolitik. In: Pundt, Johanne/Rosentreter, Michael (Hrsg.): Pflege dynamisch vorwärtsgerichtet. Aktuelle Tendenzen. Bremen: Apollon University Press, S. 31-56.

Beck, Cornelia u. a. (2014): Building a State Coalition for Nursing Home Excellence. The Gerontologist 54, S1, S. 86-97. DOI: 10.1093/geront/gnt110.

Behrens, Johann/Langer, Gero (2022): Evidence based Nursing and Caring: Methoden und Ethik der Pflegepraxis. 5. aktual. u. erg. Aufl. Bern: Hogrefe.

Borgata, Thomas (2020): Quality of Life and Person-Centered Care for Older People. Wiesbaden: Springer.

Bostick, Jane E./Rantz, Marilyn J./Flesner, Marcia K./Riggs, Jo C. (2006): Systematic review of studies of staffing and quality in nursing homes. J Am Med Dir Assoc, Vol. 7, S. 366-376.

Brandenburg, Hermann (2018): Was ist Gerontologische Pflege? Zeitschrift für Geriatrische und Gerontologische Pflege, 2 (1), S. 8-12. DOI: 10.1055/s-0043-123697.

Brandenburg, Hermann (2019): Kontexturanalyse. In: Brandenburg, Hermann/Kricheldorff, Cornelia (Hrsg.): Multiprofessioneller Personalmix in der Langzeitpflege. Entstehung, Umsetzung, Auswirkung. Stuttgart: Kohlhammer, S. 149-219.

Brandenburg, Hermann/Güther, Helen (Hrsg.) (2015): Gerontologische Pflege. Grundlegung und Perspektiven. Bern: Huber.

Brandenburg, Hermann/Kricheldorff, Cornelia (Hrsg.) (2019): Multiprofessioneller Personalmix in der Langzeitpflege. Entstehung, Umsetzung, Auswirkung. Stuttgart: Kohlhammer.

Brandenburg, Hermann/Dorschner, Stephan. (Hrsg.) (2021): Pflegewissenschaft 1. Lehr- und Arbeitsbuch zur Einführung in wissenschaftliches Denken und Theorien in der Pflege. 4., überarbeitete und erweiterte Auflage. Bern: Hogrefe.

Brandenburg, Hermann (Hrsg.) (2022): Gute Pflege für Menschen mit Demenz. Zur Rekonstruktion des professionellen Pflegehabitus in der stationären Langzeitpflege. Stuttgart: Kohlhammer.

Brühl, Albert/Planer, Katarina (2013): PiSaar. Pflege im Saarland. Abschlussbericht. Vallendar: Philosophisch-Theologische Hochschule Vallendar. Online verfügbar unter: https://kidoks.bsz-bw.de/files/85/PiSaar_Abschlussbericht_2013.pdf. Letzter Abruf: 20.11.2022.

Brühl, Albert/Planer, Katarina (2019): PiBaWü. Zur Interaktion von Pflegebedürftigkeit, Pflegequalität und Personalbedarf. Freiburg: Lambertus.

Burgi, Martin/Igl, Gerhard (2021): Rechtliche Möglichkeiten der Etablierung von Community Health Nursing (CHN) in Deutschland. Baden-Baden: Nomos.

Buscher, Ines (2012): Das kollektive Lernen in Fallbesprechungen. Theoretische Ansätze zur Reduktion herausfordernden Verhaltens bei Menschen mit Demenz im Rahmen des Projekts FallDem. Pflegewissenschaft 12, (3), S. 168-178. DOI: 10.3936/1144.

Büscher, Andreas/Hülsken-Giesler, Manfred (2021): Gesunde Personalbemessung: Arbeitsschutz und Gesundheitsförderungen in Kontexten der systematischen Personalbemessung in der Pflege (GEPAG). Abschlussbericht zur Machbarkeitsstudie im Auftrag der Berufsgenossenschaft für Gesundheitsdienst und Wohlfahrtspflege (BGW).

Castle, Nicholas G. (2008): Nursing Home Caregiver Staffing Levels and Quality of Care. A Literature Review. Journal of Applied Gerontology, 27(4), S. 375-405.

DBG-Index Gute Arbeit (2018): Arbeitsbedingungen in der Alten- und Krankenpflege. So beurteilen die Beschäftigten die Lage. Ergebnisse einer Sonderauswertung der Repräsentativumfragen zum DGB-Index Gute Arbeit. Berlin. https://index-gute-arbeit.dgb.de/++co++fecfee2c-a482-11e8-85a5-52540088cada. Letzter Abruf: 20.11.2022.

Deutsches Institut für angewandte Pflegeforschung e.V. (2022): Die erweiterte pflegerische Versorgungspraxis. Abschlussbericht der begleitenden Reflexion zum Förderprogramm „360° Pflege – Qualifikationsmix für Patient:innen – in der Praxis". Köln. https://www.bosch-stiftung.de/sites/default/files/publications/pdf/2022-06/Abschlussbericht_360Grad%20Pflege_Qualifikationsmix.pdf. Letzter Abruf: 20.11.2022.

Deutsches Netzwerk für Qualitätsentwicklung in der Pflege (DNQP) (Hrsg.) (2018): Expertenstandard Beziehungsgestaltung in der Pflege von Menschen mit Demenz (einschließlich Kommentierung und Literaturstudie). Osnabrück.

Dichter, Martin/Grebe, Christian (2019): Stand der Wissenschaft – Literaturübersicht zum Zusammenhang zwischen mitarbeiterbezogenen Organisationscharakteristika und Bewohner- sowie Mitarbeiterendpunkten. In: Brandenburg, Hermann/Krichel-dorff, Cornelia (Hrsg.): Multiprofessioneller Personalmix in der Langzeitpflege. Entstehung, Umsetzung, Auswirkung. Stuttgart: Kohlhammer, S. 32-51.

Dierbach, Oskar (2023): Rehabilitative Altenpflege. Therapeutisches Pflegemodell: Konzept, praktische Umsetzung, Kosten und Nutzen. Stuttgart: Kohlhammer.

Collier, Eric/Harrington, Charlene (2008): Staffing characteristics, turnover rates, and quality of resident care in nursing facilities. Res Gerontol Nurs 1, (3), S. 157-170.

Fenchel, Volker (2021): Theorieansätze in der Gerontologischen Pflege. In: Brandenburg, Hermann/Dorschner, Stephan (Hrsg.): Pflegewissenschaft. Lehr- und Arbeitsbuch zur Einführung in das wissenschaftliche Denken der Pflege. Bern: Hogrefe, S. 191-232.

Görres, Stephan u. a. (2014): Pilotstudie: Stabilität und Variation des Care-Mix in Pflegeheimen unter Berücksichtigung von Care-Mix und Outcome. Unveröffentlichter Abschlussbericht. Universität Bremen.

Görres, Stephan/Böttcher, Silke/Rink, Pascal/Brannath, Werner (2021): StaVaCare 2.0 – Zusammenhänge zwischen Case-, Care- Mix, Organisation und Qualität in Pflegeheimen. In: GKV Spitzenverband (Hrsg.). Schriftenreihe Modellprogramm zur Weiterentwicklung der Pflegeversicherung Band 19: Forschung für die Pflege – Impulse zur Weiterentwicklung der Pflegeversicherung. Berlin, S. 162-176.

Görres, Stephan/Brannath, Werner (2020): Stabilität und Variation des Care-Mix in Pflegeheimen unter Berücksichtigung von Case-Mix, Outcome und Organisationscharakteristika (StaVaCare 2.0). Abschlussbericht. Universität Bremen. https://www.gkv-spitzenverband.de/media/dokumente/pflegeversicherung/forschung/projekte_unterseiten/stavacare/StaVaCare_2.0_Anhang-1.pdf. Letzter Abruf: 20.11.2022.

Griffiths, Peter u. a. (2018): The association between nurse staffing and omissions in nursing care: A systematic review. Journal of Advanced Nursing, 74, S. 1474-1487.

Hasseler, Martina (2019): Kritische Diskussion zur bisherigen Qualitätsdebatte in der Langzeitpflege – ein Plädoyer für eine systemische und auf empirischen Erkenntnissen beruhende Betrachtung der Entwicklung und Messung von Qualität in der Langzeitpflege. Zeitschrift für Gerontologie und Geriatrie, 52, (5), S. 468-476.

Hegney, Desley Gail u. a. (2019): Perceptions or nursing workloads and contributing factors, and their impact on implicit care rationing: A Queensland/Australia study. Journal of Nursing Management 27, S. 371-380.

Hodgkinson, Brent/Haesler, Emily J./Nay, Rhonda/O'Donnell, Megan H./McAuliffe, Linda P. (2011): Effectiveness of staffing models in residential, subacute, extended aged care settings on patient and staff outcomes. Cochrane Database Syst Rev(6), CD006563.

Hollik, Jürgen (2021): Überholtes Pflegeverständnis. Kritischer Kommentar zum Projekt PeBeM. Die Schwester/Der Pfleger 60, (4), S. 57.

Houdelet, Alexandre/Rittershaus, Thomas (2020): Organisationskultur und Quartiersöffnung – eine Übersicht über die Literatur. In: Ministerium für Soziales, Arbeit, Gesundheit und Demografie Rheinland-Pfalz (Hrsg.). Berichte aus der Pflege Nr. 27. Gutes Altern in Rheinland-Pfalz (GALINDA). Kulturwandel und Quartiersöffnung in der stationären Langzeitpflege – ein Beitrag zu sorgenden Gemeinschaften. Endbericht und Anlagenband, S. 96-116.

Hülsken-Giesler, Manfred (2008): Der Zugang zum anderen. Zur theoretischen Rekonstruktion von Professionalisierungsstrategien pflegerischen Handelns im Spannungsfeld von Mimesis und Maschinenlogik. Osnabrück: V&R Unipress.

Keck, Daniel (2021): Der Verlust von Empathie und Menschlichkeit? Eine Grounded Theory-Studie zu den Einstellungen von Pflegepersonal zur Integration hochschulisch qualifizierter Pflegekräfte in die stationäre Altenpflege. In: Schilder, Michael/Boggatz, Thomas (Hrsg.): Praxisentwicklung und Akademisierung in der Pflege. Stuttgart: Kohlhammer, S. 125-133.

Kirkevold, Marit (2008): The Norwegian teaching home program: developing a model for systematic practice development in the nursing home sector. International Journal of Older People Nursing, 3 (4), S. 282-286.

Krohwinkel, Monika (1993): Der Pflegeprozess am Beispiel von Apoplexiekranken. Eine Studie zur Erfassung und Entwicklung ganzheitlich-rehabilitierender Prozesspflege. Baden-Baden: Nomos.

Krohwinkel, Monika (2008): Rehabilitierende Prozesspflege am Beispiel von Apoplexiekranken. Fördernde Prozesspflege als System. 3. durchges. Aufl. Bern: Huber.

Krohwinkel, Monika (2013): Fördernde Prozesspflege mit integrierten AEBDLs. Forschung, Theorie, Praxis. Bern: Huber.

Kricheldorff, Cornelia (2019): Verschränkende Perspektiven und kritische Einschätzung. In: Brandenburg, Hermann/Kricheldorff, Cornelia (Hrsg.): Multiprofessioneller Personalmix in der Langzeitpflege. Entstehung, Umsetzung, Auswirkung. Stuttgart: Kohlhammer, S. 220-239.

LeCount, Jill (2004): Innovations in Long-Term Care: Education, Empowerment and Elderly Adults, Jornal of Gerontological Nursing, 30(3), S. 26-33.

Lehr, Ursula (1972): Psychologie des Alterns. Heidelberg/Wiesbaden: Quelle und Meyer.

Maier, Claudia B./Köppen, Julia/Naegele, Matthias/Strohbücker, Barbara (2019): Skillmix, Rationierung und Qualität in der Pflege: Forschungsstand international und Situation in Deutschland mit Schwerpunkt Onkologie. Pflege & Gesellschaft 24, (4), S. 312-330.

Manthey, Mary (2023): Primary Nursing. Ein personenbezogenes Pflegesystem. 4., aktual. Aufl. Bern: Hogrefe.

Mezey, Mathey D./Lynaugh, Joan E./Cartier, Mary M. (Hrsg.) (1989): Nursing Homes & Nursing Care. Lessons from the Teaching Nursing Homes. New York: Springer.

Mezey, Mathey D./Mitty, Ethel L./Burger, Sarah Green (2008): Rethinking Teaching Nursing Homes: Potential for Improving Long-Term Care. The Gerontologist. Vol. 48, (1), S. 9.

Mezey, Mathy D./Mitty, Ethel L./Botrell, Melissa (1997): The Teaching Nursing Home Program: enduring educational outcomes. Nursing Outlook, 45, S. 133-140.

Mischo-Kelling, Maria (2012): Zur Theorie des Pflegehandelns. Eine Explorative Studie zur Bedeutung des Selbst, Selbstkonzepts und Körperbilds für die Transformation des Pflegemodells von Roper, Logan & Tierney in eine pragmatistisch-interaktionistische Theorie des Pflegehandelns. Dr. PH. Universität Bremen.

Müller, Elke (1998): Grund- und Behandlungspflege. Historische Wurzeln eines reformbedürftigen Begriffs. Pflege & Gesellschaft 3, (2), S. 1-6.

Nolan, Mike u. a. (2004): Beyond `Person-Centred´ Care: A New Vision for Gerontological Nursing. Journal of Clinical Nursing 13, 3a, S. 45-53.

Nolan, Mike u. a. (Hrsg.) (2007): User Participation in Health and Social Care Research. Voices, Values and Evaluation. Maidenhead/Berkshire: Open University Press.

Nolan, Mike/Grant, Gordan/Davies, Sue (Hrsg.) (2001): Working With Older People And Their Families. Key Issues in Policy and Practice. Buckingham: Open University Press.

Owen, Tom/Meyer, Julianne u. a. (2012): My Home Life: Promoting Quality of Care in Care Homes. Joseph Roundtree Foundation. https://www.jrf.org.uk/report/my-home-life-promoting-quality-life-care-homes. Letzter Abruf: 20.11.2022.

Remmers, Hartmut (2011): Pflegewissenschaft als transdisziplinäres Konstrukt. Wissenschaftssystematische Überlegungen – eine Einleitung. In: Remmers, Hartmut (Hrsg.): Pflegewissenschaft im interdisziplinären Dialog. Osnabrück: V&R, S. 7-47.

Robert Bosch Stiftung (2019): 360° Pflege – Qualifikationsmix für Patient:innen – in der Praxis. Sieben Leuchtturmprojekte erproben aktuell die Umsetzung eines Qualifikationsmix in die Pflegepraxis unter Einbindung von akademischen Pflegefachkräften. https://www.bosch-stiftung.de/de/projekt/360deg-pflege-qualifikationsmix-fuer-patientinnen-der-praxis. Letzter Abruf: 20.11.2022.

Rothgang, Heinz/Projektteam PeBeM (2021): Personalbemessung für stationäre Pflegeeinrichtungen – Projektergebnisse und Perspektiven für die Zukunft. In: GKV Spitzenverband (Hrsg.): Schriftenreihe Modellprogramm zur Weiterentwicklung der Pflegeversicherung Band 19: Forschung für die Pflege – Impulse zur Weiterentwicklung der Pflegeversicherung. Berlin, S. 177-187.

Rahmann, Anna/Straker, Jane K./Manning, Lydia (2009): Staff assignment practices in nursing homes: review of the literature. J Am Med Dir Assoc 10, S. 4-10.

Rothgang, Heinz (2018): Fixe Fachkraftquote und diverse Personalbedarfe. Dokumentation: Expertenhearing zur Fachkraftquote und zum Qualifikations- und Personalmix in der stationären Altenpflege am 18.10.2018 in Bremen. https://docplayer.org/174418840-Fixe-fachkraftquote-und-diverse-personalbedarfe.html. Letzter Abruf: 20.11.2022.

Schaeffer, Doris (2017): Advanced Nursing Practice – Erweiterte Rollen und Aufgaben der Pflege in der Primärversorgung in Ontario/Kanada. Pflege & Gesellschaft 22 (1/2017), S. 18-34. https://pub.uni-bielefeld.de/record/2911082. Letzter Abruf: 15.11.2022.

Schulz-Nieswandt, Frank (2021a): Wann ist eine soziale Innovation innovativ? Der erkenntnistheoretische Status eines »Index der Non-Exklusion«. Berlin. Kuratorium Deutsche Altershilfe. https://kda.de/wp-content/uploads/2021/06/Wann-ist-eine-soziale-Innovation-innovativ.pdf. Letzter Abruf: 20.11.2022.

Schulz-Nieswandt, Frank (2021b): Kommunale Pflegepolitik als sozialraumorientierte Daseinsvorsorge. Konturen einer Vision. In: Jacobs, Klaus u. a. (Hrsg.): Pflege-Report 2021. Berlin: Springer, S. 219-229.

Schulz-Nieswandt, Frank/Köstler, Ursula/Mann, Kristina (2021a): Kommunale Pflegepolitik. Eine Vision. Stuttgart: Kohlhammer.

Shaugnessy, Peter W. u. a. (1995): Quality of Care in Teaching Nursing Homes: Findings and Implications. Health Care Financing Review 16, (4), S. 55-83.

Shin, Juh Hyun/Bae, Sung-Heui (2012): Nurse staffing, quality of care, and quality of life in US nursing homes, 1996-2011: an Integrative review. Journal Gerontol Nurs, 38, (12), S. 46-53.

SOCIUM (2020): Forschungszentrum Ungleichheit und Sozialpolitik, Institut für Public Health und Pflegeforschung (IPP), Institut für Arbeit und Wirtschaft (iaw), Kompetenzzentrum für Klinische Studien Bremen (KKSB). Abschlussbericht im Projekt Entwicklung und Erprobung eines wissenschaftlich fundierten Verfahrens zur einheitlichen Bemessung des Personalbedarfs in Pflegeeinrichtungen nach qualitativen und quantitativen Maßstäben gemäß § 113c SGB XI (PeBeM). Universität Bremen. https://media.suub.uni-bremen.de/handle/elib/4497. Letzter Abruf: 20.11.2022.

Spilsbury, Karin/Hewitt, Catherine/Stirk, Lisa/Bowman, Clive (2011): The relationship between nurse staffing and quality of care in nursing homes: a systematic review. Int J Nurs Stud. Vol. 48, S. 732.

Stagge, Maya (2022): Teamentwicklung in multikulturellen Teams. In: Slotala, Lukas/Noll, Nadja/Klemm, Matthias/Bollinger, Heinrich (Hrsg.): Die Internationalisierung der beruflichen Pflege in Deutschland. Frankfurt am Main: Mabuse, S. 207-223.

Stemmer, Renate (2001): Grenzkonflikte in der Pflege. Patientenorientierung zwischen Umsetzungs- und Legitimationsschwierigkeiten. Frankfurt am Main: Mabuse.

Thomae, Hans (1968): Das Individuum und seine Welt. Eine Persönlichkeitstheorie. Göttingen: Hogrefe.

Völkel, Maria/Weidner, Frank (2020): Community Health Nursing. APuZ Sonderband Pflege: Praxis-Geschichte-Politik. Bonn: Bundeszentrale für politische Bildung, S. 318-329.

Wallace, C./Brown, P. (2008): Teaching nursing home: development of an Australian model, Presentation to 13th National Nurse Education Conference.

Wieland, Darell G./Rubenstein, Laurence Z./Ouslander, Joseph G./Martin, Sally E. (1986): Organizing an Academic Nursing Home. Journal of the American Medical Association 16, S. 2622-2627.

Wingenfeld, Klaus (2011): Das neue Begutachtungsinstrument zur Feststellung von Pflegebedürftigkeit. In: GKV Spitzenverband (Hrsg.). Schriftenreihe Modellprogramm zur Weiterentwicklung der Pflegeversicherung Band 2. Berlin. https://www.gkv-spitzenverband.de/media/dokumente/service_1/publikationen/schriftenreihe/GKV-Schriftenreihe_Pflege_Band_2_18962.pdf. Letzter Abruf: 20.11.2022.

Wingenfeld, Klaus/Büscher, Andreas/Gansweid, B. (2008): Das neue Begutachtungsassessment zur Feststellung der Pflegebedürftigkeit. Projekt: Maßnahmen zur Schaffung eines neuen Pflegebedürftigkeitsbegriffs und eines neuen bundesweit einheitlichen und reliablen Begutachtungsinstruments zur Feststellung der Pflegebedürftigkeit nach dem SGB XI. Abschlussbericht zur Hauptphase 1: Entwicklung eines neuen Begutachtungsinstruments. Studie im Auftrag des Modellprogramms nach§ 8 Abs. 3 SGB XI im Auftrag der Spitzenverbände der Pflegekassen. Bielefeld: IPW. https://www.uni-bielefeld.de/fakultaeten/gesundheitswissenschaften/ag/ipw/downloads/ipw-abschlussbericht-20080325.pdf. Letzter Abruf: 20.11.2022.

Wingenfeld, Klaus/Engels, Dietrich (2011): Entwicklung und Erprobung von Instrumenten zur Beurteilung der Ergebnisqualität in der stationären Altenhilfe. Abschlussbericht. Bielefeld/Köln. https://pflegegesellschaft-rlp.de/fileadmin/pflegesellschaft/Dokumente/Dokumente_2011/BGM_Abschlussbericht_Ergebnisqualit%C3%A4t.pdf. Letzter Abruf: 20.11.2022.

Wissenschaftsrat (2022): HQGplus-Studie zu Hochschulischen. Qualifikationen für das Gesundheitssystem – Update. Quantitative und qualitative Erhebungen der Situation in Studium, Lehre, Forschung und Versorgung. Köln. https://www.wissenschaftsrat.de/download/2022/9541-22.pdf?_blob=publicationFile&v=14. Letzter Abruf: 20.11.2022.

Xu, Dongjuan/Kane, Robert L./Shamliyan, Tatyana A. (2013): Effect of nursing home characteristics on residents' quality of life: a systematic review. Arch Gerontol Geriatr, 57, (2), S. 127-142.

Teil 2: Empirische Analyse der Organisationsentwicklungsbegleitung
(*Ursula Köstler & Kristina Mann*)

1 Design und Arbeitskonzept der Organisationsentwicklungsbegleitung

Das Design der Organisationsentwicklungsbegleitung entfaltet sich anhand mehrerer Schritte. Zunächst erfolgte eine *trans-disziplinäre Klärung* mit den Beteiligten (MASTD, ehemals MSAGD, UzKöln, VPU Vallendar und beteiligte Einrichtungen), die die Basis für die Zusammenarbeit aller Beteiligten legte. Die Befragungsinhalte wurden konkretisiert. Dazu wurde Transparenz bei den beteiligten Einrichtungen hergestellt und sichergestellt, dass die Durchführung der Befragungen in den Einrichtungen möglichst wenig den Routineablauf störte. Daran anschließend erfolgte die *Durchführung von Entwicklungsbegleitworkshops* in den Einrichtungen. Zu drei Messzeitpunkten (t_1-t_3) wurden vom Team der UzKöln Workshops, die die Umsetzung der von den Einrichtungen praktizierten und dem MASTD in schriftlicher Form im Jahr 2017 vorgelegten Innovationskonzepte begleiteten, durchgeführt. Diese Workshops wurden mit der Leitungsebene und den Mitarbeiterebenen der Einrichtungen abgehalten.

Auf Grund der Corona-Pandemie konnte eine ebenfalls geplante Befragung der Bewohnerschaft der Einrichtungen nicht realisiert werden. Es ist von der Hypothese auszugehen, dass die Bewohnerschaft insbesondere vor den Erlebnissen des ersten Lockdowns (März - Mai 2020), im Rahmen dessen ein Besuchsverbot der Einrichtungen diktiert wurde, emotional geprägt ist und die „Corona-Erlebnisse" somit die Neuerungen der Versorgung im Rahmen des Primary Nursing überlagern. Damit ist eine Zuordnung der Auswirkungen der nun mehr seit 2018 umgesetzten Praxiskonzepte des Primary Nursing und der aus den Corona Geschehnissen resultierenden Dynamiken nicht trennscharf durchführbar.

Letzteres gilt adäquat für die angestrebte Befragung der Mitarbeiter/innen der Einrichtungen. Dennoch wurde seitens des Evaluationsteams die Befragung einiger Mitarbeiter, die in die Organisation des Primary Nursing eingebunden sind, als zielführend erachtet und letztendlich durchgeführt. Nachfolgende Abbildung skizziert das Design (Mayring 2020).

Ergänzen müssen wir, dass auch eine Befragung Ehrenamtlicher nicht realisiert werden konnte. Neben der Corona-Pandemie, die das Ehrenamtliche Engagement in Einrichtungen der Langzeitpflege ausgesetzte, scheiterte es an den Zugangswegen für mögliche Befragte. Seitens der Einrichtungen konnte niemand motiviert werden und wir konnten aus datenrechtlichen Gründen nicht ansprechen.

Abbildung 1: Design der Organisationsentwicklungsbegleitung

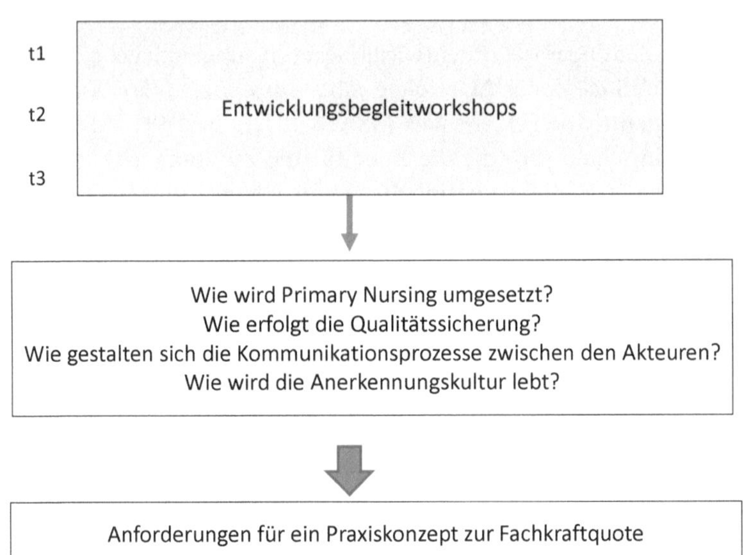

Unser Design zeigt ein exploratives Arbeitskonzept der systematischen Begleitung der Organisationsentwicklung der Einrichtungen über den Evaluationszeitraum. Damit liegt der Durchführung der Entwicklungsbegleitworkshops im Rahmen der Prozessbegleitung von Praxiskonzepten zur Fachkraftquote eine explorative Konzeption zu Grunde. Explorativ in dem Sinne, dass ein entdeckendes und erkundendes Vorgehen, vom Prinzip der Offenheit für Neues geleitet, praktiziert wird. Demnach geht es uns nicht darum, fertige Hypothesen anhand empirischer Daten systematisch zu prüfen, sondern wir suchen nach neuen Zusammenhängen und andersartigen Konstellationen bekannter Faktoren. Es geht um eine systematische Begleitung der Organisationsentwicklung der Einrichtungen. Eine Haltung der Offenheit praktizierend gingen wir schrittweise abduktiv vor (Reichertz 2013, S. 226). Es wird folglich nach Merkmalskombinationen gesucht, für die es bisher keine entsprechende Erklärung gibt (Reichertz 2010, S. 210). Unsere Workshops waren demnach an der empirischen Wirklichkeit, eben an der in den besuchten und befragten Einrichtungen gelebten Wirklichkeit, ausgerichtet. Wissend, dass wir bei unseren Besuchen und Befragungen Momentaufnahmen der sozialen Wirklichkeit in der jeweiligen Einrichtung erfuhren, erstellen wir hier eine interpretatorische Analyse dieser Momentaufnahmen, die wir an Rosenthal (2014) orientieren.

Die Datenerhebung erfolgte durch die im Design dargelegten Entwicklungsbegleitworkshops, die unter zur Hilfenahme von Leitfaden-gestützten Interviews (Witzel 1985; Witzel/Reiter 2012) – hier konkret in der Form von Fokusgruppen (Schulz/Mack/Renn 2012) – durchgeführt wurden. Dabei wird ein Zugang zu den subjektiven Sichtweisen der beteiligten Stakeholder geschaffen. Die Daten, die hier erhoben wurden, sind nicht standardisiert. Es handelt sich vielmehr um Texte und Bilder. Im Anschluss an die Workshops wertete das Team der UzKöln die Diskussionen inhaltsanalytisch (nach Mayring 2002, 2015) aus und unterzog diese einer interpretativen Analyse (Rosenthal 2004, 2014; Froschauer/Lueger 2009). Die Interviewpassagen während der Workshops wurden mit dem Einverständnis aller Beteiligten aufgezeichnet, um bei der Auswertung die interpretatorische Zielgenauigkeit zu sichern und um diese bei Unstimmigkeiten heranzuziehen. Mit Abschluss der Projektbegleitung wurden die Aufnahmen gelöscht. Auf eine Transkription (Dittmar 2009) wurde verzichtet.

Ziel dieser systematischen Organisationsentwicklungsbegleitung (Simon 2017; Königswieser/Hillebrand 2017) ist die Evaluation der Umsetzung des Konzepts des Primary Nursing (Deutscher Berufsverband der Pflegeberufe 2016, 2019) vor dem Hintergrund der Qualitätssicherung.

2 Grundstruktur des Ablaufplans der Prozessbegleitung im Rahmen von Entwicklungsbegleitworkshops

An der Organisationsentwicklungsbegleitung haben zwei Einrichtungen der stationären Langzeitpflege teilgenommen, wir nennen diese im Folgenden Einrichtung I und Einrichtung II. Eine weitere Einrichtung III konnte zu Beginn unserer Organisationsentwicklungsbegleitung aufgrund trägergesteuerter Personalüberlassung mit einer Fachkraftquote von über 50 % arbeiten und musste daher das im August 2017 beim MSAGD eingereichte Konzept zur Sicherung gleichbleibender Pflege- und Lebensqualität bei Unterschreitung der Fachkraftquote nicht umsetzen. Die Einrichtung III wurde dennoch in unsere Workshops integriert, um das Erfahrungswissen der Einrichtungsleitung und Pflegedienstleitung zu nutzen. Eine weitere Einrichtung IV wurde in die laufende Organisationsentwicklungsbegleitung im September 2020 mit aufgenommen.

Der im Frühjahr 2019 erstellte Ablaufplan der Prozessbegleitung sah in den Einrichtungen Entwicklungsbegleitworkshops vor Ort vor. Diese sollten in jeder Einrichtung zu drei Messzeitpunkten abgehalten werden. Zwischen den Workshops sollten mindestens sechs Monate liegen. Angestrebt war der Zeitrahmen: Herbst 2019, Frühjahr 2020, Ende 2020. Dabei hat jeder Workshop eine spezifische Zielrichtung. Allerdings zeigte sich im Frühjahr 2020, dass zeitliche Verzögerungen und Anpassungen nötig wurden. Der nachfolgend dargestellte Ablaufplan der Prozessbegleitung zeigt die Grundstruktur der Evaluation, die über den Evaluationszeitraum beibehalten wurde.

Abbildung 2: Grundstruktur des Ablaufplans

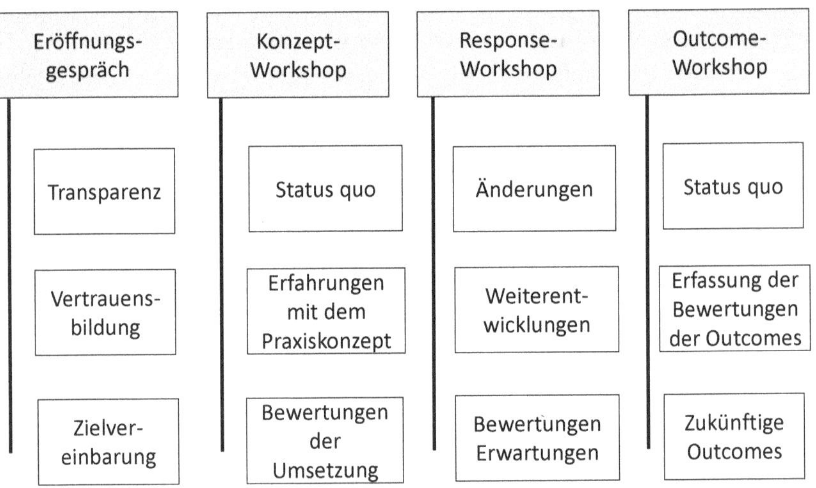

Den Workshops vorgeschaltet war in jeder Einrichtung ein Eröffnungsgespräch, zu dem das Evaluationsteam anreiste und mit der Einrichtungs- und Pflegedienstleitung die Ziel- und Umsetzung der Prozessbegleitung darlegte und diskutierte. Diese ersten Begegnungen dienten dazu, Transparenz für die Prozessbegleitung zu schaffen, in einer offenen Atmosphäre eine gemeinsame Vertrauensgrundlage zu erarbeiten und eine gemeinsame Zielvereinbarung zu formulieren.

Angestrebt war zudem in der ersten Stufe im Rahmen eines *Konzept-Workshops* den Status Quo des von der Einrichtung angestrebten Praxiskonzepts zu erfassen. Wie ist die Startphase des Praxiskonzepts umgesetzt worden? Welche Herausforderungen haben sich gezeigt, wie war der Umgang damit und wie wird die aktuelle Situation von den Teilnehmer/innen bewertet? In der zweiten Stufe diente ein *Response-Workshop* in Hinblick auf der zum ersten Workshop vergangenen Zeitspanne der Erfassung der Dynamiken und der gemachten Fortschritte sowie der Bewertung, die dann unter Spiegelung der Erwartungen der Mitarbeiter/innen an das Praxiskonzept erfolgen sollte. In einer dritten Stufe sollten *Outcome-Workshops* dann die Outcomes erfassen, definieren und bewerten, um für die Umsetzung zukünftiger Outcomes anzustrebende Anforderungen für ein Praxiskonzept zur Fachkraftquote zu erarbeiten.

Gerade unter Aspekten des Perspektivenwechsels intendierten wir dazu, bei allen drei Workshops Mitarbeiter/innen (darunter auch Einrichtungs- und Pflegedienstleitung), Ehrenamtliche und Bewohner/innen der Einrichtungen einzubinden. Die geplanten Befragungen von Ehrenamtlichen und Bewohner/innen der Einrichtungen konnten jedoch, wie zuvor beschrieben, nicht realisiert werden.

3 Anpassungsdynamiken der Prozessbegleitung im Zeitablauf

Die Praxis zeigte, dass wir im Zeitablauf zahlreiche Änderungen vornehmen mussten. Daher zeichnet sich der Ablaufplan der Prozessbegleitung durch eine starke Dynamik aus. Wir skizzieren in diesem Abschnitt die Änderungen und Anpassungen unserer Organisationsentwicklungsbegleitung, die wir bei unseren kontinuierlichen Teamtreffen vornahmen. Im nachfolgenden Abschnitt (Kapitel 4) folgt dann der finale Ablaufplan.

Einerseits wurden wir von der Corona-Pandemie überrascht. Diese führte Mitte März 2020 bundesweit zu generellen Besuchsverboten in Einrichtungen der stationären Langzeitpflege und in Einrichtungen der Eingliederungshilfe. Daher wurde die Prozessbegleitung im weiteren Ablauf der Evaluation in das digitale Format Zoom überführt. Andererseits wurden die Personalstruktur und -entwicklung der vier an der Prozessbegleitung beteiligten Einrichtungen von den dynamischen Entwicklungen auf dem Arbeitsmarkt für Pflege(fach)kräfte in hohem Maße mitgesteuert, aber auch von Maßnahmen und Entscheidungen der Einrichtungsträger: So arbeitete die Einrichtung III zum Zeitpunkt des ersten vor Ort Besuchs aufgrund trägergesteuerter Personalüberlassung mit einer Fachkraftquote von über 50 %. Damit war eine Prozessbegleitung mit Status-quo Analyse des von der Einrichtung ausgearbeiteten Konzepts zur Sicherung gleichbleibender Pflege- und Lebensqualität bei Unterschreitung der Fachkraftquote nicht mehr sachbezogen. Es zeigte sich also, Ideen wurden erstellt, verworfen, neue Ideen entwickelt. Im Sommer 2020 reformulierte sich unser Ablaufplan dann derart.

Abbildung 3: Ablaufplan Stand Sommer 2020

Eröffnungsgespräch	Konzept-Workshop	Response-Workshop	Outcome-Workshop
Einrichtung I	Einrichtung I stattgefunden vor Ort 11/2019	Einrichtung I + II geplant gemeinsamer Workshop	Einrichtung I geplant vor Ort
Einrichtung II	Einrichtung II geplant 10/2020	Einrichtung III geplant Workshop zu Kriseninterventionsstrategien	Einrichtung II geplant vor Ort
Einrichtung III			

Die Umstellung des *Response-Workshops* in einen gemeinsamen Workshop der Einrichtungen I und II erfolgte mit dem Ziel, dass ein gegenseitiger Erfahrungsaustausch neue Aspekte für beide Einrichtungen eröffnen würde und die Mitarbeiter/innen der Einrichtungen ihre Erfahrungen mit den Bewertungen der Mitarbeiter/innen der jeweils anderen Einrichtung evaluieren können. So wurden sich aus diesem Format des gemeinsamen Austausches Impulse und Ideen für Anforderungen an ein Praxiskonzept zur Fachkraftquote erhofft.

Die Umstrukturierung des zweiten Workshops (*Response-Workshop*) in der Einrichtung III wurde nach dem ersten Besuch vor Ort (Eröffungsgespräch) vom Evaluationsteam beschlossen. Die Einrichtung III arbeitete mittlerweile wieder mit einer Fachkraftquote über 50 %. Mit der Mitarbeiter- und Bewohnerschaft sollten sowohl die retrospektiven Betrachtungsperspektiven aus der Zeit des praktizierten Krisenkonzepts (Oktober 2017 bis Oktober 2018) als auch zukünftige Szenarien erarbeitet werden. Ein derartiger Lernworkshop hätte durch die Gegenüberstellung von gemachten Erfahrungen und in die Zukunft gerichteten Erwartungen neben lernenden auch evaluierende Perspektiven. Letztendlich wurde die Durchführung dieses Workshopformats angesichts der Besuchseinschränkungen in Einrichtungen der stationären Langzeitpflege aufgrund der Corona-Pandemie immer wieder verschoben und konnte im angedachten Format nicht durchgeführt werden.

Im September 2020 wurde, durch das MASTD initiiert, eine weitere Einrichtung IV in unsere Prozessbegleitung aufgenommen. Die Einrichtung IV war insofern von Interesse, da diese ein lebendiges Konzept der Einbindung von Angehörigen und Ehrenamtlern entwickelt hat und umsetzt. Eine Besprechung des Teams der UzKöln im Herbst 2020 führte zur Umstrukturierung des zweiten Workshops (*Response-Workshop*) zu einem Konferenz-Workshop mit den Einrichtungsleitungen und Pflegedienstleitungen aller vier Einrichtungen. Ziel war der gemeinsame Erfahrungsaustausch zwischen den Einrichtungen, um Erfolgskriterien und gemeinsame Lernpotentiale auszutauschen. Angesprochen werden sollten auch der Umgang und die Einbindung von Angehörigen und Ehrenamtlern; die Berichte in den Eröffnungsgesprächen und den Konzept-Workshops verweisen hier auf unterschiedliche Vorgehensweisen. Im Herbst 2020 sah dann der Ablaufplan wie folgt aus.

Abbildung 4: Ablaufplan Stand Herbst 2020

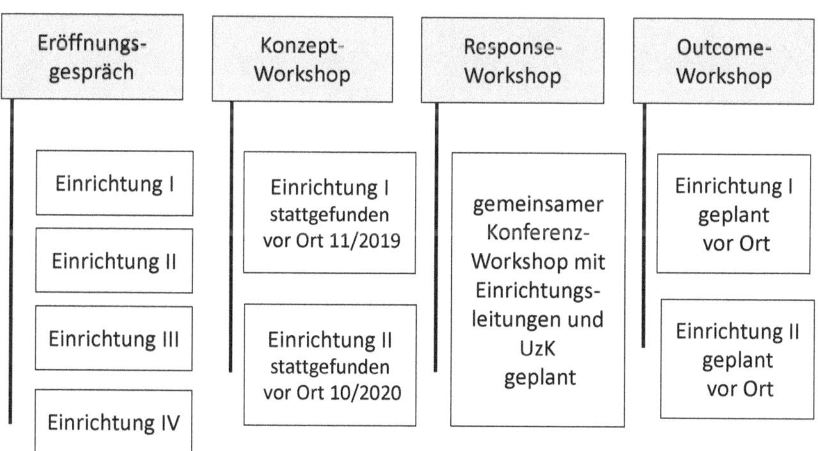

Die Einflüsse der Corona-Pandemie auf das Leben und Arbeiten in den Einrichtungen der Langzeitpflege führte dazu, dass wir bei einer Besprechung im April 2021 die Idee der Response-Workshops wiederaufnahmen und zusätzlich zum gemeinsamen Konferenz-Workshop doch noch mit den Einrichtungen I und II individuelle Response-Workshops, die die Auswirkungen der Corona-Pandemie beleuchten sollten, aufnahmen.

Abbildung 5: Ablaufplan Stand Frühjahr 2021

Eröffnungs-gespräch	Konzept-Workshop	Response-Workshop	Outcome-Workshop
Einrichtung I	Einrichtung I stattgefunden vor Ort 11/2019	Einrichtung I geplant Corona Up Date per Zoom 6/2021	Einrichtung I geplant vor Ort
Einrichtung II	Einrichtung II stattgefunden vor Ort 10/2020	Einrichtung II geplant Corona Up Date per Zoom 6/2021	Einrichtung II geplant vor Ort
Einrichtung III		gemeinsamer Konferenz-Workshop Einrichtungs-leitungen und UzK geplant Herbst 2021	
Einrichtung IV			

4 Finaler Ablaufplan

Nachdem wir zuvor nachgezeichnet haben, wie sich der Ablaufplan im Laufe unserer Evaluationsbegleitung dynamisch angepasst hat, wird hier jetzt der finale Ablauf zusammengefasst.

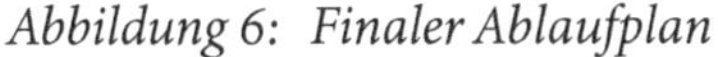

Abbildung 6: Finaler Ablaufplan

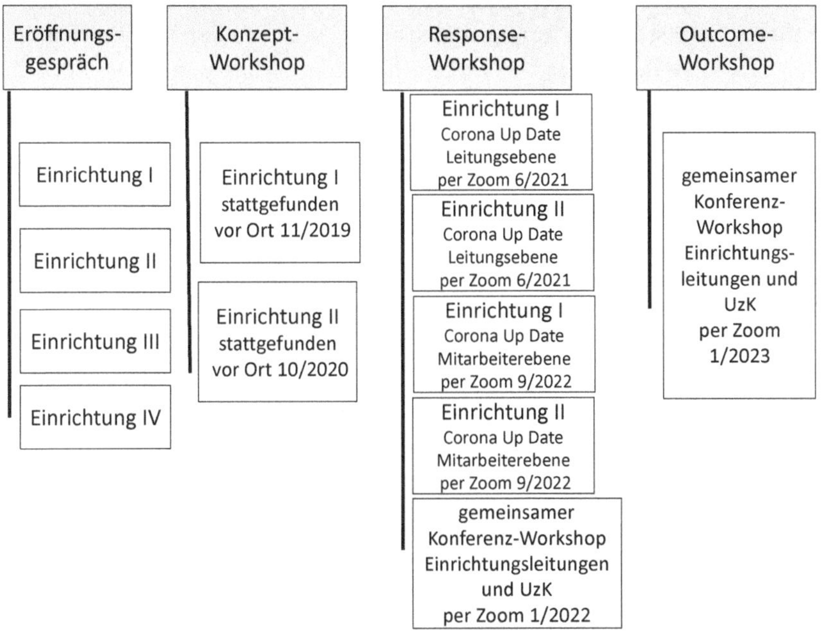

In allen vier Einrichtungen wurden zunächst Eröffnungsgespräche geführt. Mit den an der Organisationsentwicklungsbegleitung zwei teilnehmenden Einrichtungen wurden Konzept-Workshops zur Eruierung des jeweiligen Gesamtprogramms und Durchführungssettings des Konzepts zur Sicherung gleichbleibender Pflege- und Lebensqualität bei Unterschreitung der Fachkraftquote durchgeführt. Die typologischen Konstruktionen (Burzan/Hitzler 2018) der beiden im Rahmen der Konzept-Workshops vor Ort besuchten Einrichtungen manifestiert deutliche Unterschiede. Einrichtung I zeigt sich als *Typus des multiprofessionellen Teams mit konzernorientiert flachen Hierarchien;* Einrichtung II als *Typus des Top-down gesteuerten familialistischen Modells.* Nachdem wir die Unterschiede festgestellt hatten, sollten diese vor dem Hintergrund der Corona-Pandemie geschuldeten Herausforderungen untersucht werden. Dazu wurden die Response-Workshops letztendlich genutzt, indem jeweils mit den Einrichtungsleitungen und separat mit der Mitarbeiterschaft der operativen Ebenen ein Erfahrungsaustausch über die Bewältigungsstrategien im Umgang mit der Corona-Pandemie und die daraus sich ergebenen Hindernisse und Entwicklungen des Primary Nursing durchgeführt wurde (vier Response-Workshops).

Des Weiteren wurde im Winter 2021/22 ein Konferenz-Workshop mit den Einrichtungs- und Pflegedienstleitungen aller vier Einrichtungen abgehalten. Dabei stand der Erfahrungsaustauch zwischen den vier Einrichtungen dem Charakter eines Lerntreffens folgend im Mittelpunkt. Die Einrichtungen I und II stellten jeweils die ihrem Modell-Typus folgenden Strukturmerkmale (Mitarbeitermotivationskonzepte, Coaching, Supervision, Konfliktlösungsstrategien, Werbung Fachkräfte) vor. Im Winter 2022/23 folgte ein abschließender Konferenz-Workshop mit den Einrichtungs- und Pflegedienstleitungen aller vier Einrichtungen. Der gemeinsame Erfahrungsaustauch ließ den Evaluationszeitraum Revue passieren und blickte in die Zukunft.

5 Befragungsgrundlagen der Workshops: Leitfäden und Agenda

In internen Treffen des Teams der UzKöln wurden Leitfäden für die verschiedenen Entwicklungsbegleitworkshops (siehe Abbildung: Finaler Ablaufplan) erstellt. Diese Leitfäden wurden flexibel genutzt und dienten lediglich dazu, sicherzustellen, dass im Rahmen der Diskussion die zentralen Aspekte angesprochen wurden. Nachfolgend skizzieren wir die Leitfäden der unterschiedlichen Workshops (Kapitel 5.1 bis 5.3) und stellen die Agenden der Konferenz-Workshops (Kapitel 5.4 und 5.5) dar.

5.1 Leitfaden der Konzept-Workshops (Einrichtungen I und II)

Als zentrale Aspekte ergaben sich*: gelebtes Organigramm, Anwerbestrategien für Fachkräfte, Qualitätssicherung, Konfliktmanagement.* Im Kern wird das Maßnahmenpaket zur Sicherstellung der Bestimmungen des LWTG erfragt. Es wird eruiert, wo die Einrichtungen aktuell stehen, wie und ob sich die Maßnahmen bewährt haben, welche Maßnahmen zur Umsetzung noch in Planung sind und auch an welchen Schnittstellen Änderungen und Weiterentwicklungen stattgefunden haben oder in Planung sind.

1) Status quo Überprüfung
   Wie ist der Personalmix? Pflegefachkräfte, ausländische Pflegefachkräfte ohne Anerkennung, Pflegeassistenz, Lernkräfte (ab welchem Ausbildungsjahr werden diese in welcher Funktion eingesetzt?), Quereinsteiger, Hilfskräfte, Hauswirtschaftskräfte? Wie hoch ist die Pflegefachkraft-

quote aktuell? Wie wird das Konzept des Primary Nursing aktuell umgesetzt?

2) Rekrutierung und Anwerben von Fachkräften
   Wie wird der Rekrutierungsprozess von Fachkräften gestaltet? Wie sehen die Eckpunkte verfolgter Anwerbestrategien aus? Vorgehen, Hindernisse, Erfolge.
3) Qualitätssicherung
   Welche Konzepte der Qualitätssicherung erfolgen? Supervision, Coaching, Fallbesprechung?
4) Motivation der Mitarbeiter
   Wie sieht die Motivation der Mitarbeiter aus? Welche Maßnahmen werden zur Mitarbeitermotivation eingesetzt? Wie ist die Zusammensetzung der Teams, wie erfolgt die Zusammenarbeit im Team?
5) Interpretation von Ehrenamt
   Wie wird wer eingebunden, motiviert, begleitet? Wie werden Angehörige mit einbezogen?
6) Konfliktmanagement
   Wie wird mit auftretenden Konfliktsituationen umgegangen?

5.2 Leitfaden der Response-Workshops – Corona-Up Date Leitungsebene (Einrichtungen I und II)

In den Workshops mit der Einrichtungs- und Pflegedienstleitung standen die Corona-bedingten Herausforderungen der Einrichtungen unter den Aspekten der *Anwerbestrategien für Fachkräfte, der Qualitätssicherung und des Konfliktmanagements* im Mittelpunkt. Eruiert werden sollte, wo die Einrichtungen im Sommer 2021 vor dem Hintergrund der nunmehr schon über ein Jahr andauernden Corona-Pandemie stehen, wie und ob sich die Maßnahmen zur Sicherung der Fachkraftquote bewährt haben, welche Maßnahmen noch zukünftig zur Umsetzung in Planung sind und auch an welchen Schnittstellen Änderungen und Weiterentwicklungen stattgefunden haben oder überarbeitet wurden.

1) Status quo Überprüfung
   Was hat sich seit dem ersten Entwicklungsworkshop getan? Wie hat sich die Corona-Pandemie auf das Leben in der Einrichtung ausgewirkt? Wie wird das Konzept des Primary Nursing umgesetzt?

2) Rekrutierung und Anwerben von Fachkräften
   Wie wird der Rekrutierungsprozess von Fachkräften aktuell (unter Corona) gestaltet?
3) Qualitätssicherung
   Welche Konzepte der Qualitätssicherung erfolgen?
4) Motivation der Mitarbeiter/innen
   Wie sieht aktuell die Motivation der Mitarbeiter/innen aus? Welche Maßnahmen werden zur Mitarbeitermotivation eingesetzt? Wie ist die Zusammensetzung der Teams, wie erfolgt die Zusammenarbeit im Team?
5) Einbezug Ehrenamt
   Wie beeinflusst die Corona-Pandemie Ehrenamt- und Angehörigenarbeit?
6) Konfliktmanagement
   Welche Konfliktsituationen sind im letzten Jahr aufgetreten?

5.3 Leitfaden der Response-Workshops – Corona-Up Date Mitarbeiterebene (Einrichtungen I und II)

Im Rahmen eines Workshops mit Mitarbeiter/innen der operativen Ebenen der Einrichtungen wurden folgende zentrale Aspekte abgefragt: Wie wird das Primary Nursing umgesetzt? Welche Herausforderungen haben sich durch die Corona-Pandemie ergeben? Angesprochen werden die Motivation der Mitarbeiterschaft, das Konfliktmanagement und die Qualitätssicherung in der Einrichtung.

1) Status quo Überprüfung
   Wie wird das Konzept des Primary Nursing umgesetzt? Wie stellt sich die Situation aktuell dar? Wie sehen die horizontale/vertikale Kommunikationsstrukturen in der Einrichtung aus?
2) Situation unter Corona
   Wie hat sich die Corona-Pandemie auf das Leben/Arbeiten in der Einrichtung ausgewirkt?
3) Motivation der Mitarbeiter/innen
   Wie sieht aktuell die Motivation der Mitarbeiter/innen aus, wie in den Hochzeiten der Corona-Pandemie? Durch welche Maßnahmen werden die Mitarbeiter/innen motiviert? Wie erfolgt die Zusammenarbeit im Team?

4) Konfliktmanagement
   Welche Konfliktsituationen sind im letzten Jahr aufgetreten? Wie wird mit Konflikten umgegangen?
5) Qualitätssicherung
   Welche Konzepte der Qualitätssicherung erfolgen?

5.4 Agenda des Konferenz-Workshops 2022

Die Agenda des im Januar 2022 abgehaltenen Konferenz-Workshops hatte zum Ziel,

- eine **Einordnung** des Konferenz-Workshops und Darlegung der Zielsetzung des Workshops vor dem Hintergrund der Entwicklungen der aktuellen Situation des Arbeitsmarktes für Pflegefachkräfte und der Pandemie zu geben,
- einen **Überblick** über die bisherigen Treffen mit den Einrichtungen und dem Team der Universität zu Köln darzulegen,
- ein **Up Date** der Entwicklung und Einschätzung des Status quo in den Einrichtungen I und II mit anschließender Diskussion mit Vertreter/innen der Einrichtungen III und IV zu erstellen,
- eine **Einschätzung** des Primary Nursing unter den Neuerungen des Pflegepersonalstärkungsgesetzes, die zum 01.01.2022 in Kraft treten, betreffend das Personalbemessungsverfahren seitens der Vertreter/innen der Einrichtungen zu diskutieren

5.5 Agenda des Konferenz-Workshops 2023

Das im zweiten Konferenz- Workshop im Januar 2023 praktizierte Design-Thinking umfasste die Themenfelder:

- Umsetzung des Primary Nursing im Evaluationszeitraum
- Gemeinsamer Blick in die Zukunft des vom Strukturwandel betroffenen Sektors der stationären Langzeitpflege

6 Durchgeführte Begleitsettings

6.1 Eröffnungsgespräche

In den Einrichtungen I und II fanden im Juni bzw. September 2019 erste Gespräche des Evaluationsteams mit der Geschäftsführung der Träger, der Einrichtungsleitung und der Pflegedienstleitung vor Ort statt. Ziel war ein erster persönlicher Kontakt, bei dem ein gegenseitiges Kennenlernen und die Praxisumsetzung der Entwicklungsbegleitworkshops im Vordergrund standen.

In der Einrichtung III fand dieses erste Gespräch im Juni 2019 statt. Es zeigte sich, dass die Einrichtung das Konzept zur Sicherung gleichbleibender Pflege- und Lebensqualität bei Unterschreitung der Fachkraftquote lediglich von Oktober 2017 bis Oktober 2018 durchführte. Im Herbst 2018 konnte der Einrichtungsträger die Lücke hinsichtlich der Fachkräfteschlüsselvorgabe schließen. Die Einrichtungsleitung äußert, dass dieser Umstand einrichtungsintern mit Erleichterung aufgenommen wurde und die Einrichtung seitdem die Fachkraftquote erfüllt, was das erarbeitete Konzept zur Sicherung gleichbleibender Pflege- und Lebensqualität bei Unterschreitung der Fachkraftquote seither außer Kraft setzte.

Mit der Einrichtungsleitung der Einrichtung IV führte das Evaluationsteam im Oktober 2020 ein Telefonstrategiegespräch. Ziel war ein erster Kontakt, bei dem ein gegenseitiges Kennenlernen im Vordergrund stand. Es wurde um Vertrauen geworben und die Praxisumsetzung der Prozessbegleitung erläutert. Insbesondere das in der Einrichtung praktizierte Konzept der Einbindung von Angehörigen und Ehrenamtlern wurde in diesem Gespräch ausführlich erfragt und diskutiert. Damit erweiterte sich der telefonische Austausch zu einer Strategiedarlegung seitens der Einrichtungsleitung und einer Strategieevaluation. Als Fazit aus diesem Gespräch wurde angeregt, dass die Einrichtungsleitung an einem gemeinsamen Konferenzworkshop aller Einrichtungen teilnehmen sollte.

6.2 Konzept-Workshops

6.2.1 Multiprofessionelles Team mit konzernorientiert flachen Hierarchien (Konzept-Workshop Einrichtung I im November 2019)

In der Einrichtung I fand ein erster Workshop im Rahmen eines dreistündigen Konzept-Workshops statt, den das Team der UzKöln leitete.

Die Pflegedienstleitung motivierte für den Workshop 13 Mitarbeiter/innen (Fachkräfte, Mitarbeiter/innen aus dem Helfer- und Assistenzbereich, aus dem Sozialdienst, aus dem Hauswirtschaftsbereich, Mitarbeiter/innen aus dem Modell APHplus). Leider konnten keine Angehörige und Ehrenamtler zur Teilnahme am Workshop motiviert werden. Ziel des ersten Entwicklungsbegleitworkshops war, anhand des erstellten Leitfadens den Status quo der Umsetzung des von der Einrichtung erarbeiteten „Maßnahmenpakets zur Sicherstellung der Bestimmungen des LWTG bei Unterschreiten des Personaleinsatzes" gemeinsam zu diskutieren und erste Bewertungen der Teilnehmer/innen abzufragen.

Insgesamt zeigten sich vier Elemente: strukturiertes Organigramm, dynamische Vernetzung der Mitarbeiterebenen, detaillierte Qualitätssicherung und dynamische Personal-Anwerbestrategien.

Kernelement der Einrichtung ist ein *detailliert ausgearbeitetes Organigramm*. Die Einrichtung teilt ihre Bewohnerschaft in Wohnbereiche. Jedem Wohnbereich steht jeweils eine Wohnbereichsleitung vor, die die personale Vernetzung des Bereichs koordiniert. An weiterer Stelle stehen die Pflegefachkräfte, die die APHplus koordinieren, denen wiederum APH (Altenpflegehelfer) und KPH (Krankenpflegehelfer) unterstellt sind, ebenso unterstützen Pflegeassistent/innen sowie Pflegepraktikant/innen. Außerdem sind übergeordnet die Pflegedienstleitung, stellv. Pflegedienstleitung und Qualitätsbeauftragte sowie ein Wohnbereichsmanager für alle Wohnbereiche Ansprechpartner/in.

Die Einrichtungsleitung legt großen Wert auf eine *Informationsvernetzung der Mitarbeiterebenen*. Dazu finden zahlreiche Meetings statt, die zeitaufwendig sind und bis zu ein Viertel der Arbeitszeit der Mitarbeiter/innen umfassen. Betont wird, dass diese Meetings Transparenz herstellen, einerseits in Richtung optimierter Bewohnerversorgung (Austausch über den Gesundheitszustand, die Fähigkeiten und Wünsche der Bewohnerschaft), andererseits hat dann jede Mitarbeiterin und jeder Mitarbeiter über die Aufgaben der anderen Mitarbeiter/innen Kenntnisse, die dann schnell bei Bedarf abgerufen werden können. Weiterhin tragen die Meetings zur Motivation der Belegschaft bei; die Mitarbeiter/innen lernen ihre Rolle im Versorgungssystem der Einrichtung und erfahren Anerkennung. Die *Qualitätssicherung* erfolgt – dies wird uns aus der Mitarbeiterperspektive geäußert – über die Besetzung der Mitarbeiter/innen gemäß deren Kompetenzen, Arbeitseinsatzwünschen und Motivation.

Die *Personalanwerbestrategien* sehen die Teilnahme an Ausbildungsmessen, die Nutzung sozialer Medien und die Rekrutierung vor Ort in einem osteuropäischen Land vor. Das aus dem Ausland angeworbene Personal wird familienfreundlich integriert. Als Beispiel wird genannt, dass eine Pflegefachkraft die Möglichkeit bekommt, durch Schulungen in Deutschland ihren Abschluss anerkennen zu lassen. Der Familiennachzug der Kinder und des Mannes wird derweil vom Träger organisiert. Weiterhin zeichnet sich die Einrichtung durch fundierte Arbeitgeberleistungen aus. Es wird in eine betriebliche Altersvorsorge eingezahlt. Es gibt eine betriebliche Gesundheitsvorsorge. Die Arbeitszeiten sind flexibel gestaltbar, auch können Mitarbeiter/innen ihre Kinder mitbringen. Zudem bietet der Träger zahlreiche Fortbildungen an und es gibt z. B. Verbilligungen im örtlichen Fitnessstudio.

Zusammenfassend können wir für die Einrichtung I den *Typus des multiprofessionellen Teams mit konzernorientiert flachen Hierarchien* feststellen.

6.2.2 Top-down gesteuertes familialistisches Modell (Konzept-Workshop Einrichtung II im Oktober 2020)

In der Einrichtung II leben dementiell Erkrankte in Wohngruppen zusammen. Der erste Entwicklungsbegleitworkshop fand als zweistündiger Konzept-Workshop statt. Träger und Einrichtungsleitung motivierten zur Teilnahme drei Mitarbeiter/innen. Alle Kräfte sind ausgebildete Pflegefachkräfte; eine Kraft hatte die Position der Pflegedienstleitung inne, die anderen beiden sind als Primary Nurse tätig. Konzepte der Angehörigen- bzw. Ehrenamtsarbeit werden in dieser Einrichtung nicht durchgeführt.

Insgesamt zeigten sich vier Elemente: Führungszentriertes Organigramm, zahlreiche Elemente der Mitarbeitermotivation, Personal-Anwerbestrategien, keine Integration von Ehrenamt und Angehörigenarbeit.

Die Einrichtung ist nach dem Hausgemeinschaftskonzept organisiert. Bei diesem Konzept wird die Trennung zwischen den Bereichen Hauswirtschaft, Pflege und sozialer Betreuung aufgehoben. Kennzeichnend ist eine Dezentralisierung. Dies bedeutet, dass die Hausgemeinschaften einem strukturierten Tagesablauf folgen, angepasst an die Bedürfnisse der Bewohnerschaft. In jeder Hausgemeinschaft gibt es eine Hausmutter (dies kann auch ein Hausvater sein), die bzw. der als feste Ansprechpartnerin bzw. fester Ansprechpartner für die Hausgemeinschaft fungiert und verantwortlich für die Alltagsorganisation innerhalb der Hausgemeinschaft ist. Ziel ist es, eine familienähnliche Wohn- und Lebensform zu schaffen, die den Bewohner/innen vertraut ist. Insgesamt zeigt sich ein auf die *Einrichtungsleitung zentriertes System.* Darunter sind hierarchisch Organisationsmodule

(Primary Nurse) und Arbeitsmodule (ausführende Pflege) platziert. Top-down gesteuert wird delegiert, überwacht und korrigierend eingegriffen, falls etwas nicht optimal läuft.

Die *Mitarbeitermotivation* erfolgt durch a) die Förderung der Eigenverantwortung der Mitarbeiter/innen. Dabei teilt sich die Mitarbeiterschaft in zwei Gruppen: die, die Verantwortung übernehmen wollen und die, die dies nicht wollen. b) Der Einsatz der Mitarbeiter/innen erfolgt nach deren Interessen und Neigungen. c) Durch die Möglichkeit des Arbeitens in einer Expertengruppe, in der Mitarbeiter/innen Verantwortung übernehmen können, wird Wertschätzung erfahren. d) Die Übernahme von Verantwortung wird mit Prämien honoriert. e) Es werden hausinterne und externe Fortbildungen angeboten. f) Neue Mitarbeiter/innen aus Osteuropa werden bei ihrem Start in Deutschland und in der Einrichtung unterstützend begleitet. Seit zehn Jahren verfolgt die Einrichtung eine *Anwerbestrategie von Pflegefachkräften* aus einem osteuropäischen Land. Diese wird als erfolgreich, ideenreich und unter zur Hilfenahme von vielseitigen Kanälen beschrieben: a) Besuche des Trägers in dem Land, b) Rekrutierung durch Mundpropaganda durch Kontaktpersonen (Linking Point) vor Ort in dem Land, c) Werbung durch Inserate in landesinternen Netzwerken durch eine Mitarbeiterin in Landessprache.

Zusammenfassend können wir für die Einrichtung II den *Typus des Top-down gesteuerten familialistischen Modells* skizzieren.

6.3 Response-Workshops – Corona-Up Date Leitungsebene

6.3.1 Response-Workshop der Leitungsebene per Zoom mit der Einrichtung I im Juni 2021

Eineinhalb Jahre nach dem Konzept-Workshop fand der Response-Workshop mit der Einrichtung I via Zoom statt. Das Team der UzKöln erfragte bei der Einrichtungsleitung und Pflegedienstleitung die Situations- und Entwicklungsverläufe seit dem ersten Workshop. Das Team der Einrichtung stellt fest, dass die Einrichtung von einem akuten Corona-Geschehen nicht betroffen war.

Die knappe Verfügbarkeit von Pflegefachkräften auf dem Arbeitsmarkt ist ursächlich für eine *Umstrukturierung des Organigramms*. Die Positionen der Wohnbereichsleitung und der Pflegefachkraft wurden zu der Position eines Bereichsmanagers zusammengeführt. Jedem der Wohnbereiche wird dann ein Bereichsmanager zugeordnet. Bei Urlaub oder Erkrankung vertreten sich die Bereichsmanager gegenseitig. Die *dynamische Vernetzung der Mitarbeiterebenen* ist beibehalten worden. Diese Mitarbeiterzusammenkünfte werden als zentrales Element angesehen, die gesicherte Versorgung aller Bewohner/innen auch in Zeiten, in denen evtl. nur eine Pflegefachkraft in der Einrichtung zur Verfügung steht, zu gewährleisten.

Zur *Qualitätssicherung* in der Einrichtung wird auf eine stabile Mitarbeiterschaft mit geringer Personalfluktuation hingearbeitet. Ziel ist es, die Mitarbeiter/innen für ein langfristiges Beschäftigungsverhältnis in der Einrichtung zu gewinnen. Erreicht werden soll dies über Transparenz und verschiedene Elemente der Mitarbeitermotivation. Versucht wird, die Mitarbeiter/innen nach deren Kompetenzen, Arbeitseinsatzwünschen unter Berücksichtigung von deren präferierten Zeitfenstern (Rücksichtnahme auf Kinder- und Angehörigenbetreuung) einzusetzen.

Die *Anwerbestrategien im osteuropäischen Ausland* mussten auf Grund der Corona-Pandemie auf das Werben in sozialen Netzwerken beschränkt werden. Der Anerkennungsprozess der ausländischen Abschlüsse wird als Hindernis bei der Gewinnung von Pflege(fach)kräften betont. Dabei stellen die Sprachprüfungen (B2 Niveau der Deutschkenntnisse) und die Anerkennungsprüfung, die in einer Krankenpflegeschule erfolgen und bei Nichtbestehen nur einmal wiederholt werden können, große Hürden dar.

6.3.2 Response-Workshop der Leitungsebene per Zoom mit der Einrichtung II im Juni 2021

Acht Monate nach dem ersten Workshop fand per Zoom der zweite Workshop in Form eines Corona-Updates statt. Das Team der UzKöln bat die Einrichtungsleitung und Pflegedienstleitung, um eine Situationsschilderung seit dem letzten Workshop.

Die Personalzusammensetzung hat sich in den letzten acht Monaten nicht verändert. In der Zeit der zweiten Corona Welle, beginnend mit dem deutschlandweiten zweiten Lockdown im Winter 2020/21 war die Einrichtung von einem starken Corona-Infektionsgeschehen betroffen. In dieser Situation hat sich das Primary Nursing bewährt und war der ursächliche Faktor, dass in dieser Zeit überhaupt der Einrichtungsbetrieb aufrechterhalten werden konnte. Das Zurückgreifen auf Leiharbeit erwies sich als komplex und die fehlgesteuerte Motivation des von der Zeitarbeit überlassenen Pflegepersonals wird als zusätzliche Herausforderung während des Corona-Infektionsgeschehens geschildert.

Die *Rekrutierung der Pflegekräfte* aus dem osteuropäischen Ausland hat Corona bedingt stagniert. Vermutet wird, dass hier der heimische Arbeitsmarkt attraktiver geworden ist und sich dort das Lohnniveau erhöht hat. Die Personalanwerbestrategien zielen derzeit auf das ein weiteres osteuropäisches Land, schwerpunktmäßig über soziale Netzwerke. Allerdings kann sich der Anerkennungsprozess als Pflegefachkraft bei Vorliegen eines Pflegefachkraft-Abschlusses aus diesen osteuropäischen Ländern bis zu 2,5 Jahre ziehen, wobei das Bestehen des B2 Niveaus des Deutschtests in der Regel das größte Hindernis darstellt.

Als erfolgsversprechend hat sich der *Aufbau eines Leitungsteams*, bestehend aus den Primary Nurses der Einrichtungen des Trägers erwiesen, die im ständigen Austausch stehen. Dabei agieren diese in unterschiedlichen Organisationsschwerpunkten (Pflegeplanung, Medikation, Schmerzmanagement etc.). Angestrebt wird eine Fokussierung nach Interessen, was sich auf der Motivationsebene positiv auswirkt und dem Abdriften in negative Routinen entgegenwirken soll. Das einrichtungsübergreifende Leitungsteam ist mittlerweile routiniert und der Prozess hat an Vertrauen gewonnen. Das hat dazu geführt, dass mehr Verantwortung delegiert wird. Somit kann die Etablierung des Leitungsteams als Modul interpretiert werden, den zeitaufwendigen Kontrollprozess, der der Einrichtungsleitung in einem hierarchisch organisierten System zukommt, abzufedern.

6.4 Response-Workshops – Corona-Up Date Ebene Mitarbeiterschaft

Den Zoom-Treffen mit Mitarbeiter/innen der Einrichtungen ging eine monatelange Anbahnungsphase voran.

6.4.1 Response-Workshop der Mitarbeiterebene via Zoom mit der Einrichtung I im September 2022

Im Rahmen eines Response-Workshops via Zoom diskutierte das Team der UzKöln mit fünf Mitarbeiter/innen der Einrichtung I. Anwesend waren Mitarbeiter/innen verschiedener Ebenen: Zentrales Qualitätsmanagement, Pflegedienstleitung, Praxisanleitung, Bereichsleitungen.

Die *dynamische Vernetzung der Mitarbeiterschaft* wird als zentrales Element des Primary Nursing beschrieben. Die horizontalen und vertikalen Vernetzungen stellen ein Informations- und Kommunikationstool dar und dienen zusätzlich als Konfliktmanagement. Die regelmäßigen Teammeetings (Dauer ca. eine Stunde) dienen nicht nur zum Austausch der aktuellen Pflege- und Versorgungssituationen der einzelnen Bewohner/innen, sondern werden als Gruppen-motivatorisches Element erlebt. Die Mitarbeiter/innen berichten, dass diese Zusammenkünfte das Team stärken und für die Stimmung im Team wichtig sind. Die Regelmäßigkeit sichert, dass bei aufkommenden Konflikten relativ zeitnah reagiert werden kann und so Missverständnisse, die zu Missstimmungen im Team führen könnten, schnell ausgeräumt werden.

Die *Corona-Situation* verschob die Teammeetings aufgrund der Corona-Auflagen auf die digitale Ebene (E-Mail und WhatsApp Formate). Der ausschließlich digitale Austausch wird retrospektiv als schwieriger beschrieben. Im Gegensatz zum direkten persönlichen Austausch kam es hier eher zu Missverständnissen. Aber vor allem fehlte den Befragten ein stückweit das Gefühl „Wir sind ein Team", das einen wesentlichen Motivator darstellt. Zum Zeitpunkt des Response-Workshops der Mitarbeiterebene wurden alle Meetings wieder in Präsens abgehalten, was als arbeitsmotivierend beschrieben wird. Die Stimmung im Team wird als sehr gut eingeschätzt. Man unterstützt und vertritt sich gegenseitig und untereinander existiert ein guter Zusammenhalt.

Die *Qualitätssicherung* erfolgt über die Mitarbeitermotivation. Geäußert wird ein hohes Maß an intrinsischer Motivation: Der Pflegeberuf wurde gewählt, weil es Sinn macht, für andere da zu sein und „man was zurück bekommt"[14]. Alle Mitarbeiter/innen berichten einstimmig von einer *gelebten Anerkennungskultur* in der Einrichtung. Dabei erleben sie eine Wertschätzung von Seiten der Einrichtungsleitung, die sie aus früheren Arbeitsverhältnissen in dieser Form nicht kennen. Beschrieben wird, dass es nicht nur die kleinen Aufmerksamkeiten sind, die die Mitarbeiterschaft erfährt, wie die Tafel Schokolade am Arbeitsplatz – oder jetzt wo Zusammenkünfte wieder möglich sind – die organisierten Mitarbeiterfrühstücke, es sind die aufmunternden Worte und Gesten der Mitarbeiterbegrüßung seitens der Einrichtungsleitung, die motivierend sind. Deutlich wird, Kommunikation und Wertschätzung der Mitarbeiterschaft sind wesentlich für ein gutes Klima der Zusammenarbeit. Ein weiteres Element der Motivation ist, dass Ideen und Anregungen seitens der Mitarbeiter/innen angenommen und

14 Dies deckt sich mit empirischen Analysen, dass Pflegebeschäftigte eine leicht höhere Identifikation mit ihrer Arbeit aufweisen als der Durchschnitt. Auch die Wahrnehmung der eigenen Arbeit als wichtigen Beitrag für den Betrieb ist in Pflegeberufen etwas stärker verbreitet (Jacobs 2019, S. 51).

auch ernst genommen werden. Berichtet wird, dass sie mitgestalten und mitentscheiden können und sich dies auf das erlebte Zugehörigkeitsgefühl des Einzelnen positiv auswirkt: „Wenn ich das mitgestaltet habe und meine Ideen auch umgesetzt wurden, arbeite ich auch gerne da“; “Ich fühle mich gehört und ich gehöre dazu”.

Die Berichte des Workshops zeigen, die Umsetzung des Primary Nursing hat sich unter dem Einfluss der Corona-Pandemie als erfolgreich erwiesen. Und jetzt, wo die Corona-Pandemie – zumindest in ihrer turbulenten Phase – zusammen gemeistert wurde, wird sogar eher ein gestärktes Teamgefühl wahrgenommen.

6.4.2 Response-Workshop der Mitarbeiterebene via Zoom mit der Einrichtung II im September 2022

Die Befragung der Mitarbeiter/innen der Einrichtung II im Rahmen eines Response-Workshops fand via Zoom statt. Das Team der UzKöln diskutierte mit drei Mitarbeiterinnen verschiedener Ebenen: Zwei Pflegekräfte mit langjähriger Berufserfahrung, eine einjährig examinierte Pflegefachkraft.

Die Primary Nurses sind die Steuerungseinheit der Einrichtung. Sie sind für die Qualitätssicherung, die Mitarbeitermotivation und das Konfliktmanagement zuständig. Berichtet wird, dass alle Informationen bei den Primary Nurses zusammenlaufen, koordiniert und bearbeitet werden und anschließend die Arbeitsanweisungen erfolgen.

Die Mitarbeiter/innen berichten, dass die Primary Nurses der Ansprechpartner für alle Belange sind. So wird durch die Primary Nurses die Aufnahme und Biographiearbeit neu aufgenommener Bewohner/innen gemanagt. Die Primary Nurses sind demnach für die Sicherstellung der gesamten Gesundheitsversorgung der Bewohner/innen sowie die Sicherstellung und Koordinierung ihrer individuellen Bedürfnisse (z. B. Küchenbestellungen) und die Kommunikation mit den Angehörigen und deren Wünschen zuständig. Diese strikte Verantwortungsübernahme und anschließende Aufgabendelegation seitens der Primary Nurses werden von den Mitarbeiter/innen auf der operativen Ebene als positiv interpretiert. Am Beispiel der Angehörigenansprache wird erläutert, wenn ein Angehöriger den Mitarbeiter/innen der Pflege ein Anliegen äußert, wird dies an die Primary Nurse weitergeleitet, die Primary Nurse nimmt mit dem Angehörigen Kontakt auf, bespricht das Anliegen und regelt dies, eventuell erfolgt dann eine Aufgabendelegation an das Team der operativen Mitarbeiter/innen. Für die Mitarbeiter/innen ist dann das Anliegen des Angehörigen bzw. der Angehörigen mit der Weiterleitung an die Primary Nurse erledigt und sie bzw. er kann sich seinen Aufgaben widmen.

Der Zusammenhalt im Team wird als groß beschrieben und stellt die Basis für die *Motivation zur Arbeit* dar. Die langjährigen Mitarbeiter/innen berichten zusätzlich von intrinsischer Motivation aus der Arbeit an sich heraus. Deutlich wird aber auch, dass es die Wertschätzung der Teammitglieder untereinander ist, aber vor allem auch die anerkennenden Worte der Primary Nurse und der Einrichtungsleitung, die motivieren. Als wichtig wird auch extrinsische Motivation in Form von Prämien genannt. Als teambildende Maßnahmen werden gemeinsame Frühstücke und Grillfeste genannt; aber auch die unentgeltliche Nutzung eines einrichtungseigenen Fitnessraums. Auch die Trinkgeldkasse der Angehörigen schafft Anerkennung, die dann bei gemeinsamen Essen für die Teambildung genutzt wird.

Die Top-down Struktur zeigt sich auch im *Konfliktmanagement.* Bei Problemen und Konflikten wenden sich die Mitarbeiter/innen an die Primary Nurse, die dann für die Konfliktlösung zuständig sind. Je nach Bedarf, allerdings spätestens alle drei Monate, werden auf den verschiedenen Ebenen Qualitätszirkel abgehalten: Gruppe der Hausmütter, Gruppe der examinierten Pfleger/innen und Gruppe der Pflegehelfer/innen. Damit soll Rechnung getragen werden, dass jede Ebene ihre eigenen Probleme bespricht. Gleichzeitig soll sichergestellt werden, dass die Leitungsebene die Probleme der operativen Ebenen kennt und Hilfestellungen zur Problemlösung schafft. Während der Corona-Pandemie wurden diese Qualitätszirkel ausgesetzt und die Koordination erfolgte ausschließlich über die Primary Nurses, die dann verstärkt in der Einrichtung unterwegs waren, um schnell intervenieren zu können, aber auch um direkt die Situationen vor Ort erfassen zu können.

6.5 Konferenz-Workshops

Beide Konferenz-Workshops (siehe Abbildung: Finaler Ablaufplan) fanden im Zoom Format statt, zu dem das Team der UzKöln einlud.

6.5.1 Konferenz-Workshops im Januar 2022 und im Januar 2023

a) Zielsetzung

Das Team der UzKöln ordnete bei jedem der Workshops diesen in die Gesamtevaluation ein und stellte die Zielsetzung eines gemeinsamen Erfahrungsaustausches in den Mittelpunkt.

b) Up Date Einrichtung I

Die Einrichtung I hat ein Konzept des Primary Nursing verbunden mit zahlreichen Bausteinen der Kommunikation (Führen durch Teamgespräche auf den horizontalen und vertikalen Hierarchieebenen, Mitarbeitergespräche) und der Akquise von Pflege(fach)kräften und Auszubildenden aus dem osteuropäischen Ausland entwickelt. Gerade das Konzept der verschiedenen *Kommunikationsmodule* hat sich unter der Pandemie-Situation als tragend erwiesen. Der aufgebaute Teamgeist der Mitarbeiterschaft hat sich bewährt und es konnten kurzfristig ohne bürokratische Hürden Anpassungen an die Situation unter Corona vorgenommen werden. Im Winter 2021/22 wurde eine bereichsübergreifende *Stelle des zentralen Qualitätsmanagements* geschaffen, diese erstellt eine Bestandsaufnahme der Qualitätssicherung unter der Corona-Pandemie, vor dem Hintergrund der Strukturanpassungen für den Zeitraum, wenn Corona in die endemische Lage übergeht. Die *Erweiterung des Fachkräfte-Professionen-Mix* hat sich als zielführend erwiesen. Im Bereich des Sozialdienstes wurden Sozialpädagogen/innen mit Bachelorabschlüssen – auch Ergotherapeut/innen und Heimerzieher/innen sind angedacht – erfolgreich eingesetzt. Die Erweiterung des Teams mit Berufen, die nicht in der Pflege ausgebildet sind, wirkt sich motivierend auf die Zusammenarbeit aus, sodass hierdurch auch Qualitätssicherungseffekte, eben durch nicht-pflegerische Blickwinkel, beobachtbar sind. Zukünftig wird eine Anerkennung für diese Berufsgruppen angestrebt. Auch der direkte Vergleich mit anderen Einrichtungen des Trägers, die mit der Fachkraftquote arbeiten, zeigt keine Qualitätsunterschiede. Allerdings wird von den Pflegefachkräften der Einrichtung I geäußert, dass sie subjektiv wahrnehmen, dass sie mehr Verantwortung tragen. Bei der *Anwerbung von Pflege(fach)kräften* wurden im aktuellen Ausbildungsjahrgang sieben Auszubildende aus einem osteuropäischen Land erfolgreich integriert.

c) Up Date Einrichtung II

Die Einrichtung II setzt Primary Nursing in Verbindung mit dem Konzept der Hausgemeinschaften um. Tragend ist eine breite Basis an Pflegehelfer/innen – hier sind Quereinsteiger ohne Pflegeausbildung gemeint. Berichtet wird, dass die Einrichtung im Winter 2020/21 von einem Corona Ausbruch stark betroffen war. Primary Nursing wird als Grundstein erachtet, dass das Team diese schwierige Situation gemeistert hat. Als wesentlich wird festgestellt: 1. Die Leitung und Führung muss funktionieren 2. Einrichtungsbezogene, an die Vulnerabilität der Bewohnerschaft angepasste Strukturen sind wichtig. Die Idee, ein *Leitungsteam*, das die klassische Struktur der Pflegedienstleitung, stellvertretende Pflegedienstleitung und darunter angedockt eine Primary Nurse ersetzt, aufzubauen, wurde weiter umgesetzt. Die Einrichtungsleitung beobachtet und kontrolliert das Leitungsteam, greift aber möglichst nicht in die Prozesse des Leitungsteams ein. Die praktische Umsetzung wird als positiv eingeordnet und vor den vielfältigen Herausforderungen (Corona, Pflegefachkraftmangel) als zielorientiert angesehen. Die *Anwerbung von Personal* aus dem osteuropäischen Ausland ist nach wie vor schwierig.

d) Einbindung von Ehrenamtlichen

Die Einbindung und Einarbeitung von Ehrenamtlern werden von allen Einrichtungen als sehr zeitaufwendig beschrieben, gerade da diese Gruppe heterogen ist und eine Untergruppe von Ehrenamtlern Aufmerksamkeit wünscht, die zeitliche Ressourcen der Mitarbeiter/innen bindet. Ehrenamtlerrunden scheinen hier ein geeignetes Mittel. Allerdings ist es bei Einrichtungen mit der komplexen Vulnerabilität einer dementiell beeinträchtigen Bewohnerschaft besonders schwierig, geeignete Ehrenamtler zu motivieren. Damit ist die Einbindung von Ehrenamtlern mit den Gegebenheiten (Verfügbarkeit vor Ort, Struktur der Bewohnerschaft) vor Ort geprägt. Die Einrichtung III hat eine Struktur der Einbindung von Ehrenamtlern geschaffen, die in Gruppen organisiert sind und in bestimmten Bereichen entlasten, z. B. organisieren diese selbstständig die Teilnahme der Bewohner/innen am wöchentlichen Gottesdienst.

e) Einjährig- versus Mehrjährig-Ausgebildete

Qualitätsunterschiede zwischen Einjährig-, Zweijährig- und Dreijährig-Ausgebildeten sind eher den Personen (personale und soziale Kompetenzen, Wille zur Verantwortungsübernahme) zu zuordnen als dem Ausbildungsstand. Insgesamt wird die Gruppe der Pflege(fach)kräfte als sehr heterogen beschrieben, sodass eine Einjährige-Pflegekraft durchaus Kompetenzen und Praxisleistungen einer Dreijährigen-Pflegefachkraft aufweisen kann, aber eine vollausgebildete Pflegefachkraft auch in Teilbereichen das Niveau einer Einjährigen-Pflegekraft haben kann.

f) Primary Nursing unter den Neuerungen des Pflegepersonalstärkungsgesetzes

Die Diskussion über das neue Personalbemessungsverfahren des Pflegepersonalstärkungsgesetztes legt drei Aspekte dar.

- Ein von der Einrichtung dargelegtes innovatives Konzept mit Personal-Mix als Teamlösung, das Qualität sichert, sollte als Alternative zur gesetzlichen Verpflichtung der Erfüllung der Fachkraftquote herangezogen werden. Das Konzept sollte einrichtungsindividuell und führungskraftabhängig sein.
- Die 50 % Fachkraftquote ist auf Dauer nicht zu halten und sollte aus der gesetzlichen Verpflichtung genommen werden. Denn: „Schön rechnen ist keine Alternative".
- Es werden zahlenmäßig mehr Fachkräfte gebraucht, die Einrichtungen sehen sich gegenseitig in Konkurrenz. Ein Schlüssel ist die Anerkennung von ausländischen Abschlüssen; dies sollte niederschwelliger sein. Die Einrichtungs-interne Motivation zur Weiterbildung zur APH sollte verstärkt werden, ebenso flexiblere Arbeitszeitmodelle sind zielführend. Deutschland konkurriert auf dem Pflegefachkraftmarkt mit den anderen europäischen Ländern.

7 Zusammenfassung der Analyse des in den Einrichtungen umgesetzten Primary Nursing

Im Rahmen der Evaluation haben wir zwei Einrichtungen bei der Umsetzung ihres jeweiligen dem MASTD vorgelegten Innovationskonzepts zur Fachkraftquote im Rahmen von Entwicklungsbegleitworkshops über den gesamten Evaluationszeitraum von Mitte 2019 bis Ende 2022 begleitet. Bei einer dritten Einrichtung wurde die weitere Durchführung des Innovationskonzepts ab dem Zugang zusätzlicher Pflegefachkräfte im Herbst 2018, mit deren Hilfe die Fachkraftquote dann erfüllt werden konnte, aufgehoben. Bei einer vierten Einrichtung, die während des Evaluationszeitraums für einen Ideenaustausch geworben werden konnte, stand die Leitungsebene für die Teilnahme an den Konferenz-Workshops zur Verfügung. Auch wenn wir in nur zwei Einrichtungen einen detaillierten Einblick gewinnen durften, können wir die Situation derart als zielorientiert bezeichnen, da beide Einrichtungen sich als unterschiedlich in der Typologisierung betreffend die strukturelle Umsetzung des Primary Nursing präsentieren. Wie bereits dargelegt, konnten wir den Typus des multiprofessionellen Teams mit konzernorientiert flachen Hierarchien versus den Typus des Top-down gesteuerten familialistischen Modells näher in ihren strukturellen Umsetzungen analysieren.

Beide Einrichtungen orientieren sich an den Grundprinzipien des Primary Nursing (Manthey 2022; Bretbacher 2021) und setzen diese um: Arbeiten auf Fallebene, Verantwortung für Dokumentation und Planung, Prozessüberblick und Prozessgestaltung sowie Kommunikation an Schnittstellen und persönliche Verantwortungsübernahme; allerdings werden diese Grundprinzipien in unterschiedlichen Rahmungen der Entscheidungsbefugnisse der Mitarbeiterschaft, der Informationsvernetzung und Kommunikationsstruktur umgesetzt.

1) Typus des multiprofessionellen Teams mit konzernorientiert flachen Hierarchien

Die multiprofessionelle Mitarbeiterschaft arbeitet in flachen Hierarchien. Grundlage ist eine zielgerichtete Informationsvernetzung der Mitarbeiterschaft. Dazu werden zahlreiche Meetings etabliert, einerseits zum Informationsaustausch und zur Teambildung auf horizontalen Ebenen, andererseits zum Informationsaustausch auf vertikaler Struktur. Die Kommunikationsstruktur zeigt eine dynamische Anpassung der Entscheidungsbefugnisse der unterschiedlichen Professionen an die aktuelle Situation in der Einrichtung betreffend Personalstand und Bewohnerschaft. Das Qualitätsmanagement fußt auf den zwei Pfeilern Controlling und Coaching (im Sinne von Informationsaustausch); wobei hier das Hauptgewicht auf dem Coaching liegt.

2) Typus des Top-down gesteuerten familialistischen Modells

Primary Nurses sind das Entscheidungszentrum, zentralisiert werden alle Aufgaben durch die Primary Nurses analysiert, delegiert und gegebenenfalls kontrolliert. Die Abklärungen von Ereignissen (krankheits- und pflegeversorgerische Anpassungen und Veränderungen, Änderungen des Versorgungsplans, Zusammenarbeit mit den Angehörigen) laufen immer über die Entscheidungsbefugnis der Primary Nurses. Das Qualitätsmanagement fußt auf den zwei Pfeilern Controlling und Coaching (im Sinne von Informationsaustausch); wobei hier das Hauptgewicht auf dem Controlling fußt.

3) Strukturelle Unterschiede in der Übersicht

In nachfolgender Abbildung haben wir die strukturellen Unterschiede der beiden Modelle idealtypisch skizzierend zusammengefasst. Die praktische Ausgestaltung der Modelle wird bestimmt von den Personen, die diese leben, von den Rahmenbedingungen der Örtlichkeit der Einrichtung, der Trägerstruktur, der sozialrechtlichen Einbettung etc. Damit erübrigt sich eine Wertung, welches Modell Vorzüge und welches Nachteile hat. Unsere Organisationsbegleitung hat offengelegt, dass die Verantwortlichen bemüht sind, dynamisch auf die Anforderungen, die der Fachkräftemangel in diesem im Strukturwandel befindlichen Sektor der Langzeitpflege mit sich bringt, zu reagieren.

Abbildung 7: Strukturelle Unterschiede der beiden Modelle des praktikzierten Primary Nursing und begleitende Anforderungen zum Primary Nursing.

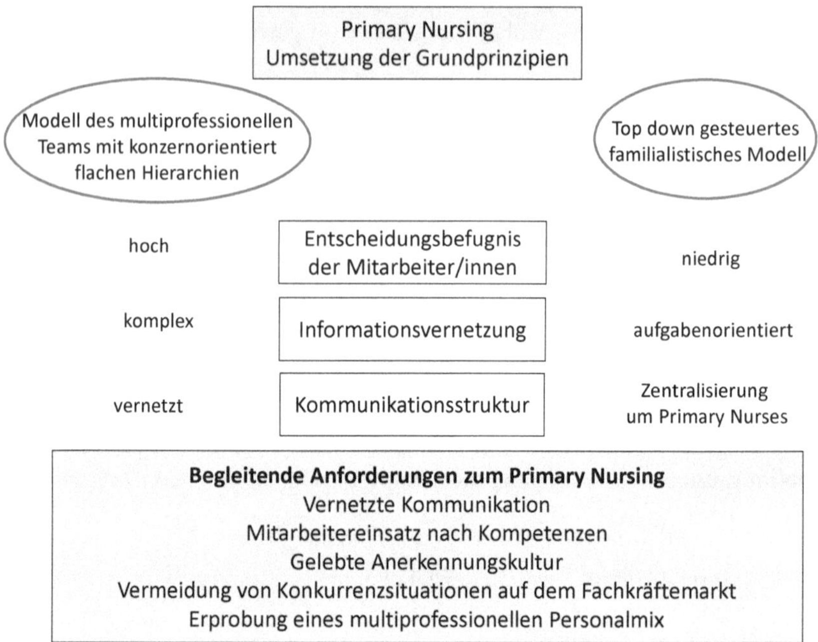

8 Anforderungen für ein Praxiskonzept zur Fachkraftquote auf Grundlage der Organisationsentwicklungsbegleitung

Unsere Organisationsentwicklungsbegleitung zeigt zwei Einrichtungen, die sich im Laufe des Betrachtungszeitraums dynamisch an die sich verändernden Strukturen des Pflegefachkraftmarktes anpassen. Dabei leben die Einrichtungen das Primary Nursing in unterschiedlicher Ausgestaltung (siehe Abbildung: Strukturelle Unterschiede), wie die zwei typologisiert dargelegten Modelle zeigen. Dennoch gibt es Gemeinsamkeiten, die den Erfolg der Praxiskonzepte leiten.

1) Vernetzte Kommunikationsstruktur

Die Kommunikationsstruktur sollte vernetzt sein, aber vor allem auch gelebt werden. In dem Sinne sollten wiederkehrende Mitarbeiterbesprechungen auf horizontalen und vertikalen Ebenen stattfinden. Darauf geachtet werden sollte, dass die Qualitätszirkel nicht nur auf den einzelnen Ebenen etabliert sind, sondern es auch zu Ebenen-übergreifenden Qualitätszirkeln kommt.

2) Einsatz der Mitarbeiterschaft nach deren Kompetenzen

Zielführend ist der Einsatz der Mitarbeiter/innen nach deren personalen Kompetenzen. Dies erfordert eine offene von Vertrauen getragene Kommunikationskultur in der Einrichtung und eine sichere (empathische) Personalführung; denn die personalen Stärken, aber auch Schwächen, der einzelnen Mitarbeiter/innen müssen ja erstmal offengelegt bzw. benannt werden. Da die Mitarbeiter/innen eingebettet sind in individuelle personengeprägte Settings - auch zu berücksichtigen sind kulturelle Prägungen und Lebensweisen, der Pflegemarkt ist ja international - gilt es zusätzlich, aufmerksam zu sein für die familialen Situationen (Betreuungssituationen: Kinder, Angehörige) der Mitarbeiter/innen mit ihren Präfenzen zu Arbeit in Teilzeit oder zu bestimmten Tageszeiten.

3) Gelebte Anerkennungskultur

Die gelebte und von den Personen erlebte Atmosphäre des Miteinanders in der Einrichtung ist entscheidend. Mitarbeitermotivation gelingt durch eine gelebte Anerkennungskultur. Eng damit verbunden ist eine persönlichkeitszentrierte Kommunikation. Wichtig ist wie, wann, wo, mit wem kommuniziert wird. Die Kommunikation sollte angepasst werden auf die Situation, die Funktion und Persönlichkeit der angesprochenen Mitarbeiterin und des angesprochenen Mitarbeiters.

4) Vermeidung von Konkurrenzsituationen auf dem Fachkräftemarkt

In den Konferenz-Workshops wurde kritisch angemerkt, dass die Einrichtungen um die in der Region vorhanden Pflegefachkräfte konkurrieren.

Die von beiden Einrichtungen initiierten Anwerbestrategien im osteuropäischen Ausland haben sich mittelfristig als zeitaufwendig, ressourcenbindend, aber wenig ertragreich im Sinne der Überführung und Einbindung von ausländischen Pflegekräften gezeigt. Die Einrichtungsleitungen verweisen hier immer wieder auf strukturelle Hindernisse bei der Anerkennung ausländischer Abschlüsse, auch wird die Hürde des B2 Sprachlevels als zu hoch erachtet. So bleibt der regionale Arbeitsmarkt das Feld, auf dem die Einrichtungen für Fachkräfte, oft mit Prämien und zusätzlich zum Arbeitsentgelt geleisteten Sachleistungen werben. Werden Situationen des gegenseitigen Abwerbens unter Anwendung von Prämienzahlungen (bei Wechsel, Neueinstellung und zeitlicher Bindung an die Einrichtung) betrachtet, kommt es zu „second best" Situationen im Sinne von Nash-Gleichgewichten (Bartholomae/Wiens 2020). Hier könnten sich die Einrichtungen durch Zusammenarbeit und das Verfolgen gemeinsamer Interessen besserstellen.

5) Lernende Erprobungen mit Professionenmix wagen

In den Konferenz-Workshops wurde es von den Teilnehmer/innen angesprochen und Brandenburg und Kricheldorff (2019) legen es in den Ergebnissen des Projekts PERLE, Personalmix mit weiteren Fachkräften (Heilerzieher/innen, Sozialpädagog/innen, Hauswirtschaftskräfte) in der stationären Langzeitpflege dar, dass Erprobungen mit Personalmix ein lohnenswerter Weg ist, wenn er denn gelingt (S. 244). Auch das von der Robert Bosch Stiftung (2021) initiierte und durchgeführte „Dritte Fachsymposium 360° Pflege – Qualifikationsmix für Patient:innen – in der Praxis im langzeitstationären Versorgungssektor" zeigte erfolgreiche Wege für einen zielgerichteten Einsatz von Professionenmix in der stationären Langzeitpflege auf. Hier versucht die Einrichtung I eine Neuorientierung und steht im Rahmen einer Kooperation mit der Universität Trier für Praktika des Studiengangs zur Heilerzieherin bzw. zum Heilerzieher zur Verfügung.

Literatur

Bartholomae, Florian/Wiens, Marcus (2020): Spieltheorie – Ein anwendungsorientiertes Lehrbuch. 2., überarbeitete und ergänzte Aufl. Wiesbaden: Springer Gabler.

Brandenburg, Hermann/Kricheldorff, Cornelia (Hrsg.) (2019): Multiprofessioneller Personalmix in der Langzeitpflege. Entstehung, Umsetzung, Auswirkung. Stuttgart: Kohlhammer.

Bretbacher, Christine (2021): Primary Nursing in der ambulanten Langzeitpflege. Stuttgart: Kohlhammer.

Burza, Nicole/Hitzler, Roland (Hrsg.) (2018): Typologische Konstruktionen. Wiesbaden: Springer VS.

Deutscher Berufsverband der Pflegeberufe (2019): Primary Nursing – Muster des Gelingens. Erfolgreiche Implementierung des Primary Nursing im ambulanten & stationären Setting. Berlin.

Deutscher Berufsverband der Pflegeberufe (2016): Personalentwicklung im Primary Nursing. Denkanstöße, Diskussionsgrundlagen, Impulse. Berlin.

Dittmar, Norbert (2009): Transkription. Wiesbaden: Springer VS.

Froschauer, Ulrike/Lueger, Manfred (2009): Interpretative Sozialforschung: Der Prozess. Wien: Facultas (UTB).

Jacobs, Klaus (2019): Pflege-Report 2019: Mehr Personal in der Langzeitpflege – aber woher? Wiesbaden: Springer VS.

Königswieser, Roswita/Hillebrand, Martin (2017): Einführung in die systemische Organisationsberatung. 9. Aufl. Heidelberg: Carl Auer.

Manthey, Marie (2022): Primary Nursing. Ein personenbezogenes Pflegesystem. 4., aktual. Aufl. Bern: Hogrefe.

Mayring, Philipp (2002): Qualitative content analysis – research instrument or mode of interpretation? In: Kiegelmann, Mechthild (Hrsg.): The role of the researcher in qualitative psychology. Tübingen: Huber, S. 139-148.

Mayring, Philipp (2015): Qualitative Inhaltsanalyse: Grundlagen und Techniken. Weinheim: Beltz.

Mayring, Philipp (2020): Qualitative Forschungsdesigns. In: Mey, Günter/Mruck, Katja (Hrsg.): Handbuch qualitative Forschung in der Psychologie. Wiesbaden: Springer VS, S. 3-17.

Reichertz, Jo (2010): Abduction: The Logic of Discovery of Grounded Theory. In: Bryant, Anthony/Charmaz, Kathy (Hrsg.): The Sage Handbook of Grounded Theory. London: Sage Publication, S. 214-229.

Reichertz, Jo (2013): Die Abduktion in der qualitativen Sozialforschung. Über die Entdeckung des Neuen. 2. akt. erw. Aufl. Wiesbaden: Springer VS.

Robert Bosch Stiftung (2021): Drittes Fachsymposium 360° Pflege – Qualifikationsmix für Patient:innen – in der Praxis im langzeitstationären Versorgungssektor (abgehalten online am 28.04.2021) www.bosch-stiftung.de/360-grad-pflege.

Rosenthal, Gabriele (2004): Biographical Research. In: Seale, Clive u. a. (Hrsg.): Qualitative Research Practice. London: Sage Publication, S. 48-64.

Rosenthal, Gabriele (2014): Interpretative Sozialforschung. Weinheim: Beltz.

Schulz, Marlin/Mack, Birgit/Renn, Ortwin (Hrsg.) (2012): Fokusgruppen in der empirischen Sozialwissenschaft. Wiesbaden: Springer VS.

Simon, Fritz B. (2017): Einführung in die systemische Organisationstheorie. 6. Aufl. Heidelberg: Carl Auer.

Witzel, Andreas (1985): Das problemzentrierte Interview. In: Jüttemann, Gerd (Hrsg.): Qualitative Forschung in der Psychologie. Grundfragen, Verfahrensweisen, Anwendungsfelder. Weinheim: Beltz, S. 227-256.

Witzel, Andreas/Reiter, Herwig (2012): *The problem-centred Interview.* Thousand Oaks, CA: SAGE.

Teil 3: Führungsorganisationskultur und Arbeitsorganisation: Schlüsselmechanismus für Wohnlebensqualität und Arbeitsweltzufriedenheit (*Frank Schulz-Nieswandt*)

1 Aufbau und Hintergrund

Die Gewebestruktur ist das theoriegeleitete, aber auch hypothesenbildende Resultat der Zugangsweise in Form einer verschachtelten Mehr-Ebenen-Analyse.

Exkurs: Normativ-rechtliche Leitsterne der Organisationsentwicklung und des Organisationsrechts des Sektors sind evident
Die normativ-rechtlichen Hintergründe sind bekannt (Walsh u. a. 2021): Es geht um das Ziel eines möglichst als ein »gutes Leben« im Sinne der Alltäglichkeit normalisiertes lebensweltliches Wohnen im Lichte der personalen Würde als Aktivierung in den Grenzen der Vulnerabilität möglichst selbstständiger teilhabender Selbstbestimmung im Kontext sozialer Beziehungen, aus denen heraus sich die Lebensqualitätserfahrung erklären lässt. Daran muss sich die »Innovativität von Innovationen« in Hinsicht auf eine »gute« Pflege messen lassen (Schulz-Nieswandt 2021c). Dies bedeutet praxeologisch (Schulz-Nieswandt u. a. 2022): Minimierung der sozialen Praktiken der Demütigung mit Blick auf die Erscheinungsformen von Bevormundung, Beschämung und Ausgrenzung (Schulz-Nieswandt 2022d).

Die handlungsfeldstrukturierenden trägerschaftlichen Kontexte (Abschnitt 2), das interne Organisationsgeschehen (Abschnitt 4) sowie die Personalbemessung (Abschnitt 5) und die Ergebnisqualität sind in der Analyse in einer bestimmten modellierenden Art und Weise (Abschnitt 3) zu unterscheiden, woraufhin sodann auch ordnungspolitische Schlussfolgerungen für eine innovative Qualitätspolitik (Hasseler 2019) im Rahmen einer veränderten Kultur der Beziehung zwischen dem föderalen sozialen

Rechtsstaat und dem Sektor der Langzeitpflege (Abschnitt 6 und 7) resultieren[15].

2 Trägerschaftliche Kontexte

Mit Blick auf die Lebensqualität (Staats 2021) der Bewohner/innen (Boggatz 2020; Kaltenegger 2016), aber auch mit Blick auf die Zufriedenheit in der Arbeitswelterfahrung des Personals in der stationären Langzeitpflege (Schulz-Nieswandt 2022c) gibt es (Armstrong/Armstrong 2020; Walker/Druckman/Jackson 2022; Johs-Artisensi/Hansen 2022; Ramamonjiarivelo/Hearld/Weech-Maldonado 2021) – so die allerdings nicht eindeutige und methodologisch/methodisch nicht immer optimale und nur begrenzt hinsichtlich der Befunde generalisierbare internationale[16] Forschungsliteratur einen eindeutigen Befund (Schulz-Nieswandt 2022d): Trägerschaft spielt eine Rolle: *Im Durchschnitt ist eine Vorzugswürdigkeit von Non-for-Profit-Organisationen gegenüber Für-Profit-Organisationen zu konstatieren. Dahinter verbirgt sich allerdings eine erhebliche Heterogenität.*

Skepsis ist insbesondere hinsichtlich transnationaler *Kapital-Anleger-Modelle* zu formulieren, weil sich hier (auch in Form einer transsektoralen Kettenbildung ambulanter/teilstationärer/stationärer Hilfeformen als Geschäftsmodell) eine Dominanz des Denkens in Bettenkapazitäten als nicht humangerechte und dergestalt von fehlender sozialer Phantasie geprägten Antwortstrategie auf den demografischen und epidemiologischen Wandel der Bevölkerungsentwicklung abzeichnet (Schulz-Nieswandt 2020a).

Im Zentrum muss – gerade im Kontext der Fachkräftemangelsituation (Maier u. a. 2019; Moura u. a. 2020; ferner: Schulz-Nieswandt 2022e, 2023) mit Blick auf die Dyade der guten Pflege als soziale Interaktion der Fragenverbund stehen: Wie soll der vulnerable Mensch wohnen und wie soll die organisierte Sorge arbeiten?

Die erste Frage ist bereits mit Verweis auf den obigen Exkurs beantwortet. Bezüglich der zweiten Frage wird man betonen müssen, dass innerhalb der Forschung über die Multikausalität der Determinanten des Fachkräftemangels in der Langzeitpflege auch die Qualität der Arbeitsbedingungen eine bedeutsame Rolle spielt.

---

15 Vgl. zum gesamten Themenzusammenhang: Schulz-Nieswandt/Thimm 2023a; 2023b.

16 Für Deutschland: Geraedts u. a. 2016; Neumayr/Meichenitsch 2011.

3 Modellierung der vermutlichen Kausalität mit Fokus auf das interne Organisationsgeschehen

Zwischen der Outcome-Performance (Y) einerseits und der wirtschaftskulturellen Logik der organisierten Sorgearbeit im stationären Setting der Langzeitpflege im Alter (X) andererseits ist mit Evidenz unsere Sichtweise im Lichte der Organisationsforschung (Van Bogaert/Clarke 2018) vorzutragen:

1) Führung und Organisationskultur spielen eine Rolle:

Demnach schieben sich, intermediäre, also den Zusammenhang von X und Y vermittelnde, Konstruktvariablen (Z), die als Mechanismus-Komplex von Führung (F) und Organisationskultur (OK) zu begreifen sind:

$$X \rightarrow Z\,(F;\,OK) \rightarrow Y$$

zwischen die Bedeutung der Trägerschaft als Determinante der strategischen Unternehmensausrichtung einerseits und der Outcome-Performance andererseits.

Die Frage der Führung (Nass 2017) stellt sich als Stakeholder-bezogene ethische Unternehmensphilosophie auf der unternehmensstrategischen Trägerebene ebenso wie auf der Ebene des operativen Managements der betrieblichen Einrichtungen. Beide Ebenen können bei solitären Klein- und Mittelständischen Unternehmen zusammenfallen.

Die Analyse ist insofern ein theoriegeleiteter Beitrag zur weiteren Theoriebildung und unterscheidet in einer Mehr-Ebenen-Analyse zwischen notwendigen Voraussetzungen und hinreichenden Bedingungen. Festzuhalten wäre:

2) Kausalität als Zusammenspiel von notwendigen Voraussetzungen und hinreichenden Bedingungen verstehen:

Die notwendigen Voraussetzungen (X) bezeichnen Kontexte der Strukturation des Handlungsfeldes und bahnen die weiteren vermutlich kausal verstehbaren Zusammenhänge zwischen dem organisationsinternen Prozessgeschehen der Arbeitsorganisation als hinreichende Bedingungen (Z) und der Outcome-Performance (Y) der Lebensweltqualität des Wohnens und des Arbeitens.

Diese Einheit von Wohnlebensqualität und Arbeitserlebnisqualität resultiert aus der dyadischen Figuration der »guten« Pflege als ein soziales Interaktionsarbeitsgeschehen.

4 Übertragung auf die Möglichkeit des Gelingens und das Risiko des Scheiterns von Primary Nursing

Dieser Komplex dürfte auch von besonderer Bedeutung für die Wirkungseinschätzungen von Primary Nursing sein. Dabei betont die Analyse auf der Grundlage der bezugspersonenkonzeptionellen Grundlage von Primary Nursing das Organisationsprozessgeschehen als Aufgabe von Führung und Organisationskultur. Auf den Punkt bringend:

1) Primary Nursing ist eine Frage der Teamführung im Geiste systemischer Achtsamkeit:

Primary Nursing meint in der Analyse die Verbindung von Bezugspersonenpflege mit achtsamer Führung agiler Teams mit komplexer Kompetenzmischung in systemischer Organisationskultur.

Dieses infolge verschiedener Akzentuierungen durchaus variierende Konzept von Primary Nursing wird in der Analyse mit Blick auf einen Pflegefachkraftmangel mit Blick auf die Outcome-Performance zu diskutieren sein.

Die intermediären Prozessgeschehens-Zusammenhänge sind im Lichte einer systemischen (Lutterer 2021; Simon 2022; Wicke-Schuldt 2018) Kulturentwicklung der Organisation zu verstehen. Diese Perspektive ist auf den Punkt zu bringen: Die Erfolgsaussichten von Primary Nursing sind zu charakterisieren als funktionsfähiges Vorhalten eines agilen Gebildes flacher Hierarchien im Kontext hermeneutisch (mit Blick auf einerseits der empathischen personenzentrierten Fremdsorge und andererseits der metareflexiven Selbstsorge der Professionen) achtsamer partizipationsoffener Führung in einer Atmosphäre vertrauensbildender Transparenz.

2) Schlüsselmechanismus nutzen statt Arbitrarität:

Da die politisch im föderalen System in Gesetze bzw. Verordnungen gesetzten Fachkräfteschlüssel aus wissenschaftlicher Sicht weitgehend arbiträr sind, dürfte diese systemische Organisationsentwicklungskultur den explikativen Schlüsselmechanismus für die Frage der Erfolgsaussichten von Primary Nursing darstellen (Backman u. a. 2022).

Fazit: Erfolgskategorien von Primary Nursing
Notwendige Voraussetzung:
Bedarfsdeckungswirtschaftliche Ethik mit Rendite-Erzielung als Nebenziel mit Blick auf notwendige Reinvestitionen als Sachziel-dominante Philosophie der Kultur des Wirtschaftens als organisierte Sorgearbeit gemeinnütziger oder freiwillig Social Responsibility-gebundener privatwirtschaftlicher Organisationen (Träger-, Unternehmens- und Betriebsebene)
Hinreichende Bedingungen:
Führung und Organisationskultur als Framing des Prozessgeschehens als Arbeitsorganisation des Teams (als Mix von Berufsgruppen, Qualifikationsstufen und Einbindung informeller Ressourcen) als organisch gelebte nachhaltige Gewebestruktur von
(1) systemischer Organisations- und Personalentwicklung mit Blick auf Agilität, Resilienz und atmosphärischer Kohärenz im Kontext der Pflege des Vertrauenskapitals und partizipativer Transparenz,
(2) achtsamer Hermeneutik als handwerkliche Kunst der empathischen Fremdsorge und kritischen Selbstsorge der Professionen in der sozialen Dyade der guten Pflege als soziale Interaktionsarbeit.

5 Die Folgen für die Personalbemessungspolitik

Dies hat erhebliche Konsequenzen für die Implementierung von Berufsgruppen- und Qualifikations-Mix in der Personalbemessung (auch unter Einbeziehung qualifizierter informeller Ressourcen). Der Erfolg komplexer Personal-Mix-Strategien hängt von dem F+OK-Komplex ab.

Mit Blick auf die augenblickliche Gesetzgebung zu einer neuen Personalbemessung (Rothgang 2021; Rothgang/Kalwitzki 2022) ist aus Sicht einer gerontologischen Pflegeforschung deutlich zu konstatieren (Bartholomeycik/Höhmann/Weidner 2021), dass diese im Sinne von Konstruktvalidität weitgehend nicht geeignet ist (Brühl 2022), eine *gute Pflege als soziales Interaktionsgeschehen* mit konstitutivem Bezug auf eine rehabilitationstheoretisch begreifbare Aktualgenese als aktivierendes Empowerment von Körper, Geist und Seele der Bewohnerschaft stationärer Langzeitpflege abzubilden.

6 Schlussfolgerungen für die Qualitätsordnungspolitik der Länder

Insofern wäre den Bundesländern empfohlen, im Rahmen der Verordnungen zur Umsetzung der jeweiligen Wohn- und Teilhabegesetze die gestaltenden Handlungsspielräume in experimenteller Weise durch *Öffnungsklauseln* zu nutzen, um alternative Personal-Mix-Modelle zu erproben und in kritischer Evaluation zu begleiten.

1) Kausalität der Ordnungspolitik

Erneut wird ein Kausalitätsmodell von notwendigen Voraussetzungen und hinreichenden Bedingungen evident:

a) Fragen der Ausfinanzierung des betrieblichen Leistungsgeschehens sowie Herausforderungen der Entbürokratisierung der Regulationsregime des sozialen Rechtsstaates zeichnen sich als notwendige Voraussetzung zukünftiger Pflegequalitätssicherung in den Settings stationärer Langzeitpflege ab.
b) Hinreichende Bedingung wird aber die Gewährleistung der Sicherstellung einer gelebten Organisationskultur der guten Pflege als soziale Interaktionsarbeit in komplexen Mix-Konstellationen von verschiedenen Berufsgruppen und Qualifikationsstufen (Weimann-Sandig 2022; Fleischer/Fleischer/Monninger 2021) unter Einbezug informeller Ressourcen sein.

2) Missbrauchsaufsicht im Kontext einer Staatskulturerweiterung

Die Praxis der weiterhin notwendigen *Missbrauchsaufsicht* der Länder sollte sich im Lichte der normativ-rechtlichen Vorgaben der Rechtsregime (von den Grundrechtskonventionen der UN bis hin zum System der Sozialgesetzbücher und Pflege(politik)gesetzgebung und der WTG der Länder) erweitern um *eine neue innovative Verwaltungskultur der kooperativen Dialogizität der Befähigung als Empowerment der Unternehmen der betrieblichen Leistungserstellung.*

In diesem Sinne (Schulz-Nieswandt 2020b; 2121a) geht es auch um eine gewisse Art von *Staatskulturwandel.* Diese neue Verwaltungskultur erweitert den föderalen Gewährleistungsstaat als Regulations- und Interventionsstaat zum dialogfähigen und auf Kooperation angelegten Innovationsinkubator als gestaltender Treiber einer neuen Kultur der Pflege. Demnach handelt es sich um einen *zwei-poligen sozialen Korrelationswandel*: Wandel der Verwaltungskultur einerseits und Wandel der Kultur der Leistungserstellung der organisierten Sorgearbeit der Einrichtungen andererseits.

3) Der föderale soziale Rechtsstaat als Inkubator von Innovationen

Primäre Priorisierung sollte die de-institutionalisierende Sozialraumbildung und gleichzeitig eine humangerechte Modernisierung der stationären Langzeitpflege fördern.

Wenngleich dazu im Schwerpunkt (Heerdt/Schulz-Nieswandt 2022) der *Ausbau einer Sozialraum-orientierten Pflegepolitik ausdifferenzierter Wohnformen im Alter* jenseits der Heimwelt (Ferdous/Roberts 2023) gehört (Schulz-Nieswandt/Köstler/Mann 2021a), geht es in der Analyse um die *inklusionsorientierte Modernisierung der Binnenkulturwelt stationärer Settings* jenseits eines nackten Lebens des »Sicher, Sauber, Satt, Still«-Dispositivs (Schulz-Nieswandt/Köstler/Mann 2021b) der »Kasernierung« (Schulz-Nieswandt 2020c; 2021c) vulnerabler Menschen in der Hochaltrigkeit, wie es als Eskalation in der Corona-Krise (vgl. auch Kruse u. a. 2021; Pue/Westlake/Jansen 2021; Stall u. a. 2020) zu beobachten war.

7 Schlussfolgerungen für die trägerschaftlichen Zusammenhänge

Das eingangs konstatierte komplizierte Zusammenspiel von Durchschnittstrends und Heterogenität in der empirischen Forschung zeigt, dass die Förderung der betriebsinternen Ordnung der sozialen Praktiken des Organisationsprozessgeschehens die Aufgabe darstellt.

1) Trägerwirtschaftsordnung und organisationsinterne Welt

Die institutionelle Meso-Ebene spielt eine Rolle: Dies ist eine zentrale Entwicklungsaufgabe auch unabhängig von der strukturellen Weichenstellung der dualen wettbewerblichen Marktordnung von Privatwirtschaft und Gemeinwirtschaft.

Allerdings ist dennoch – im Rahmen einer unternehmensmorphologischen Methodologie (Blome-Drees/Moldenhauer 2023) der Idealtypen –

als Vermessungsmaßstab für die realtypologisch fassbare soziale Wirklichkeit ein Effekt festzuhalten:

2) Sachzieldominanz ist ein Apriori-Vorteil

Denn während die auf Rendite-Maximierung abstellende Formalziel-Dominanz privatwirtschaftlicher Träger der betrieblichen Einrichtungen ethische Standards eher als externe Restriktion angesichts des wirtschaftlichen Kerngeschäfts (Aßländer 2022; Neuhäuser/Raters/Stoecker 2023) – etwa als Fragen des Geschäftsmodells (Thimm 2021) als Sozialunternehmen (Lilli 2022) – einzubauen versuchen, ist angesichts der bedarfsdeckungslogischen Sachziel-Dominanz in der Welt der Gemeinwirtschaft *a priori* (Enjolras u. a. 2018) von einer eher intrinsischen personalistischen Ethik humangerechter Werte auszugehen.

3) Fragilität der Bedeutung der Trägerschaft

Im Rahmen des wettbewerblichen Marktgeschehens des trägerschaftlichen Pluralismus der regulierten Quasi-Märkte (Schulz-Nieswandt 2021e) sind allerdings beide – wenngleich tendenziell asymmetrisch – unternehmensethischen Aufstellungen fragil und vulnerabel.

4) Missbrauchsaufsicht und Innovationsinkubation

Gerade deshalb wurde weiter oben – neben der Empfehlung zum Innovationsinkubationsmanagement des sozialen Rechtsstaates – als beratendes und befähigendes Kompetenzprofil zusätzlich zu den Aufsichts- und Prüfaufgaben die notwendige Kontinuität der Missbrauchsaufsicht betont. Diese wäre jedoch in eine insgesamt veränderte Gesamtatmosphäre des Zusammenspiels von Staat und organisierter Sorgearbeit einzubetten.

Auf diese Sicht wird nochmals im Ausblick der vorliegenden Abschlussberichterstattung einzugehen sein.

Literatur

Armstrong, Pat/Armstrong, Hugh (Hrsg.) (2020): The Privatization of Care. The Case of Nursing Homes. London/New York: Routledge.

Aßländer, Michael S. (Hrsg.) (2022): Handbuch Wirtschaftsethik. 2., aktual. u. erw. Aufl. Berlin: Metzler in Springer.

Backman, Annica u. a. (2022): The significance of nursing home managers' leadership— longitudinal changes, characteristics and qualifications for perceived leadership, person-centredness and climate. Journal of Clinical Nursing 31, S. 1377–1388.

Bartholomeycik, Sabine/Höhmann, Ulrike/Weidner, Frank (2021): Personalbemessung in der stationären Altenpflege. Einige Anmerkungen zum Projekt PeBeM des Bremer SOCIUM. Pflege & Gesellschaft 26 (2), S. 181-185.

Blome-Drees, Johannes/Moldenhauer, Joschka (2023): Morphologie und Typologie genossenschaftlicher Betriebe. Berlin/Münster u. a. LIT.

Boggatz, Thomas (2020): Quality of Life and Person-Centered Care for Older People. Berlin u. a.: Springer International Publishing.

Brühl, Albert (2021): Innovationen in Qualität bei variierender Fachkraftquote. Projektbericht 2017-2020. Baden-Baden: Nomos.

Enjolras, Bernard u. a. (Hrsg.) (2018): The Third Sector as a Renewable Resource for Europe. Concepts, Impacts, Challenges and Opportunities. Berlin u. a.: Springer International Publishing.

Ferdous, Farhana/Roberts, Emily (Hrsg.) (2023): (Re)designing the Continuum of Care for Older Adults. The Future of Long-Term Care Settings. Berlin u. a.: Springer International Publishing (i.E.).

Fleischer, Werner/Fleischer, Benedikt /Monninger, Martin (2021): Teamarbeit und berufsgruppenübergreifende Zusammenarbeit. Stuttgart: Kohlhammer.

Geraedts, Max u. a. (2016): Verhältnis zwischen Qualität, Preis und Profitorientierung deutscher Pflegeheime. Trade-off between quality, price, and profit orientation in Germany's nursing homes. ZEQF 112, S. 3-10.

Hasseler, Martina (2019): Kritische Diskussion zur bisherigen Qualitätsdebatte in der Langzeitpflege – ein Plädoyer für eine systemische und auf empirischen Erkenntnissen beruhende Betrachtung der Entwicklung und Messung von Qualität in der Langzeitpflege. Zeitschrift für Gerontologie und Geriatrie 52 (5), S. 468-476.

Heerdt, Christian/Schulz-Nieswandt, Frank (2022): Das Grundrecht auf Sozialraumbildung im Lichte des Menschenbildes der „sozialen Freiheit" des bundesdeutschen Grundgesetzes: Lehren aus der Corona-Krise. Sozialer Fortschritt 71 (10), S. 771-789.

Johs-Artisensi, Jennifer L./Hansen, Kevin E. (2022): Quality of Life and Well-Being for Residents in Long-Term Care Communities. Perspectives on Policies and Practices. Berlin u. a.: Springer International Publishing.

Kaltenegger, Jutta (2016): Lebensqualität in stationären Pflegeeinrichtungen fördern. Konzepte und Methoden für die Praxis. Stuttgart: Kohlhammer.

Kruse, Florien M. u. a. (2021): Relationship between the Ownership Status of Nursing Homes and Their Outcomes During the COVID-19 Pandemic: A Rapid Literature Review. Journal of Long-Term Care, S. 207-220.

Lilli, Evanthia (2022): Kennzeichen sozialunternehmerischen Wirtschaftens und förderliche Ökosysteme für den Antrieb sozialer Innovationen. Berlin/Münster u. a.: LIT.

Lutterer, Wolfram (2021): Eine kurze Geschichte des systemischen Denkens. Heidelberg: Carl Auer.

Maier, Claudia B./Köppen, Julia/Naegele, Matthias/Strohbücker, Barbara (2019): Skillmix, Rationierung und Qualität in der Pflege: Forschungsstand international und Situation in Deutschland mit Schwerpunkt Onkologie. Pflege & Gesellschaft 24 (4), S. 312-333.

Moura, Elaine C. u. a. (2020): Relationship between the implementation of primary nursing model and the reduction of missed nursing care. Journal of Nursing Management 28 (8), S. 2103-2112.

Nass, Elmar (2017): Handbuch Führungsethik: Teil I: Systematik und maßgebliche Denkrichtungen. Stuttgart: Kohlhammer.

Neuhäuser, Christian/Raters, Marie-Luise/Stoecker, Ralf (Hrsg.) (2023): Handbuch Angewandte Ethik. 2., aktualisierte und erweiterte Aufl. Berlin: Metzler in Springer.

Neumayr, Michaela/Meichenitsch, Katharina (2011): Sind Non-Profit-Organisationen die Guten? Qualitätsunterschiede zwischen gemeinnützigen und gewinnorientierten Alten- und Pflegeheimen. Kurswechsel 4, S. 75-85.

Pue, Kristen/Westlake, Daniel/Jansen, Alex (2021): Does the Profit Motive Matter? COVID-19 Prevention and Management in Ontario Long-Term-Care Homes. Canadian Public Policy 47 (3), S. 421-438.

Ramamonjiarivelo, Zo/Hearld, Larry/Weech-Maldonado, Robert (2021): The impact of public hospitals' privatization on nurse staffing. Health Care Management Review: 46 (4), S. 266-277.

Rothgang, Heinz (2021): Ein Maß für den Personalbedarf. G+G Gesundheit und Gesellschaft, 24 (3), S. 30-35.

Rothgang, Heinz/Kalwitzki, Thomas (2022): Personalbemessung – auf dem Weg zu einem kompetenzorientierten Personaleinsatz? WSI-Mitteilungen 75 (5), S. 411-414.

Schulz-Nieswandt, Frank (2020a): Der Sektor der stationären Langzeitpflege im sozialen Wandel. Eine querdenkende sozialökonomische und ethnomethodologische Expertise. Wiesbaden: Springer.

Schulz-Nieswandt, Frank (2020b): Die Missbrauchsaufsicht des Gewährleistungsstaates anders denken. ProAlter 52 (4), S. 33-34.

Schulz-Nieswandt, Frank (2020c): Kasernierung alter Menschen in Zeiten von Corona. ProAlter 52 (3), S. 5-7.

Schulz-Nieswandt, Frank (2021a): Der Gewährleistungsstaat zwischen Wächterfunktion und Innovationsinkubator. Interdisziplinäre Reflexionen zum Kulturwandel des Beratungsansatzes der Beratungs- und Prüfbehörden nach dem Landesgesetz über Wohnformen und Teilhabe des Landes Rheinland-Pfalz (LWTG). Wiesbaden: Springer.

Schulz-Nieswandt, Frank (2021b): Abschied von der „Kasernierung" Ein Kulturwandel in der Langzeitpflege ist nötig. Dr. med. Mabuse 253 (Sept./Okt.), S. 28-30.

Schulz-Nieswandt, Frank (2021c): Wann ist eine soziale Innovation innovativ? Der erkenntnistheoretische Status eines »Index der Non-Exklusion«. Berlin. www.kda.de.

Schulz-Nieswandt, Frank (2021d): Verletzbarkeit und Würde. In: Klapper, Bernadette/Chichon, Irina (Hrsg.): Neustart! Für die Zukunft des Gesundheitswesens. Berlin: MWV, S. 345-356.

Schulz-Nieswandt, Frank (2021e): Kardinalfragen einer zukünftigen Wissenschaft heterotoper Gemeinwirtschaft. Zeitschrift für Gemeinwirtschaft und Gemeinwohl, 44 (1), S. 135-143.

Schulz-Nieswandt, Frank (2022c): Die Vision einer neuen Kultur des Wirtschaftens der Care-Felder als Grundlage einer Miteinanderfreiheit in Miteinanderverantwortung. ProAlter 54 (4), S. 5-8.

Schulz-Nieswandt, Frank (2022d): Kapitalismus in der Langzeitpflege: eine Ökonomie von Gut und Böse? ProAlter 54 (3), S. 24-26.

Schulz-Nieswandt, Frank (2022e): Transnationale Pflegefachkräfteanwerbung: hydraulische Lückenfüllerpolitik oder Tragödie achtsamer Ethik. ProAlter 52 (2), S. 5-8.

Schulz-Nieswandt, Frank (2023): Transnationale Zuwanderung der Sorgearbeit. Eine Problematisierung. Stuttgart: Kohlhammer.

Schulz-Nieswandt, Frank/Köstler, Ursula/Mann, Kristina (2021a): Kommunale Pflegepolitik. Eine Vision. Stuttgart: Kohlhammer.

Schulz-Nieswandt, Frank/Köstler, Ursula/Mann, Kristina (2021b): Lehren aus der Corona-Krise: Modernisierung des Wächterstaates im SGB XI. Sozialraumbildung als Menschenrecht statt »sauber, satt, sicher, still«. Baden-Baden: Nomos.

Schulz-Nieswandt, Frank/Bruns, Anne/Köstler, Ursula/Mann, Kristina (2022): Was ist »struk-jektive Hermeneutik«? Objektive Hermeneutik, Dokumentarische Methode der praxeologischen Wissenssoziologie und post-strukturale Kritische Theorie. Baden-Baden: Nomos.

Schulz-Nieswandt, Frank/Thimm, Philipp (2023a): Wirtschaftsorganisationsrecht und Organisationskultur in der Langzeitpflege. Soziale Wirklichkeit und Entwicklungsperspektiven. Schriftenreihe Organisation und Individuum. Berlin: LIT-Verlag.

Schulz-Nieswandt, Frank/Thimm, Philipp (2023b): Morphologie und Metamorphosen des Dritten Sektors. Die Entelechie der Gemeinwirtschaft in der wirtschaftsorganisationsrechtlichen Disziplinarordnung. Berlin: Duncker & Humblot

Simon, Fritz B. (2022): Formen (reloaded). Zur Kopplung von Organismus, Psyche und sozialen Systemen. Heidelberg: Carl Auer.

Staats, Martin (Hrsg.) (2021): Lebensqualität. Ein Metathema. Weinheim: Beltz.

Stall, Nathan M. u. a. (2020): For-profit long-term care homes and the risk of COVID-19 outbreaks and resident deaths. Canadian Medical Association Journal 192 (33), e946-e955.

Thimm, Philipp (2021): Geschäftsmodellinnovationen im Lichte der empirischen und konzeptionellen Forschung. Bestandsaufnahme und kritische Würdigung eines komplexen Forschungsfeldes. Berlin: LIT.

Van Bogaert, Peter/Clarke, Sean (Hrsg.) (2018): The Organizational Context of Nursing Practice. Concepts, Evidence, and Interventions for Improvement. Berlin u. a.: Springer International Publishing.

Walker, Christine Corlet/Druckman, Angela/Jackson, Tim (2022): A critique of the marketisation of long-term residential and nursing home care. The Lancet Healthy Longevity 3 (4), e298-e306.

Walsh, Kieran/Scharf, Thomas/ Van Regenmortel, Sofie/Wanka, Anna (Hrsg.) (2021): Social Exclusion in Later Life. Interdisciplinary and Policy Perspectives. Berlin u. a.: Springer International Publishing.

Weimann-Sandig, Nina (Hrsg.) (2022): Multiprofessionelle Teamarbeit in Sozialen Dienstleistungsberufen. Interdisziplinäre Debatten zum Konzept der Multiprofessionalität – Chancen, Risiken, Herausforderungen. Wiesbaden: Springer VS.

Wicke-Schuldt, Borghild (2018): Systemisch leiten im Sozial- und Gesundheitswesen. Die Fähigkeiten der Mitarbeiter entwickeln. Stuttgart: Kohlhammer.

Ausblick
(*Frank Schulz-Nieswandt*)

Einleitend wurden Empfehlungen bereits angedeutet: Es „wird eine strategische Empfehlung ausformuliert, die sich 1) positiv auf die Beibehaltung und Fortführung von Öffnungsklauseln im Rahmen der Landesgesetzgebungskompetenz in der Pflegepolitik bezieht und 2) die Fortführung der Gestalt-kohärenten Ergänzung des ordnungsrechtlichen Prüfauftrages des Landes durch eine auf Innovationsinkubation ausgerichtete Beratungspraxis betreibt.

Und es sollte 3) eine kontinuierliche Kampagne des Landes eingeleitet werden, um im Sinne einer Politik der Befähigung die Einrichtungen und ihre Träger im Feld zumindest motivational dergestalt zu »empowern«, um sich in Zukunft strategisch auf einen notwendigen innovativen Wandel in der Führungskultur und in der Organisationsprozesskultur neuer personeller Arbeitsorganisationen durch soziales Lernen in systemischer Achtsamkeit vorzubereiten."

Diese Überlegungen sollen nunmehr, auch mit Bezug auf Teil 3 der vorliegenden Abschlussberichterstattung, der kohärent kompatibel ist mit Teil 1, etwas stärker ausformuliert werden.

1) Die innere Pfadabhängigkeit

In vielen kritischen Studien werden Blockaden eines inneren Kulturwandels der Einrichtungen und Träger herausgearbeitet. Die Praxis einer aktivierenden Pflege, die sich als rehabilitative soziale Interaktionsarbeit mit Blick auf die Aktualisierung der Struktur von Geist, Seele und Körper der Persönlichkeit des meist schon hochaltrigen Menschen als Bewohner/in stationärer Langzeitpflege definiert, ist in der Tat nicht die Normalität der Lebenswelt der Heime.

Diese Ausrichtung auf eine Werte-orientierte Praxis der sozialen Interaktionsarbeit einer rehabilitativen Pflege betrifft alle Ebenen, eben auch die der Habitusstrukturen des Personals auf der Mikroebene. Das ist eine Aufgabe des Human Resources Managements.

Die vorliegende Analyse zeigt, dass sich hier eigentlich eine Win-Win-Situation höherer Wohnlebensqualität einerseits und einer höheren Arbeitswelterlebniserfahrung andererseits abzeichnen könnte, wenn gelingende Primary Nursing-Ideen in gemischten Teams als achtsam und systemisch geführte Arbeitsorganisation umgesetzt werden würden. Aber wo ein Wille ist, da ist nicht immer auch ein Weg der Machbarkeit gegeben.

2) Das Zusammenspiel notwendiger Voraussetzungen und hinreichender Bedingungen der Überwindung der Pfadabhängigkeit

Der authentische Wille zur Werte-orientierten sozialen Innovation (sozI) als Haltung der Integrität ist in der Tat eine hinreichende Bedingung (B) des Wandels. Die notwendige Voraussetzung (V) ist aber der ausfinanzierte legale Rahmen:

$$(V + B) \rightarrow sozI$$

In diesem Lichte gilt: Der Sektor bedarf – im Rahmen eines begleiteten Vertrauensvorschusses – Öffnungsklauseln für innovative Experimente. Die Politik des Landes benötigt hierzu den Mut zur Gestaltung.

3) Nochmals: Design-methodologische Limitationen

Der vorliegende Bericht liefert keine einfache Positiverzählung. Dazu stellt auch der empirische Befund, abhängig vom Krisen-gebeutelten Design, keine hinreichende Evidenz zur Verfügung. Die Marge der Unterschreitung des Fachkräfteschlüssels ist aber auch nicht so gravierend, das hier Outcome-bezogene Narrationen zu Themen wie steigende Mortalitätsraten und Hospitalisierungsraten überhaupt mit Evidenz zu erwarten sind.

Wir reden hier ja auch gar nicht über die Wunschwelten des methodologischen Goldstandards perfekter randomisierter Cluster-Analysen in einem Interventionsgruppen-Kontrollgruppen-Design. Immerhin konnten wir quasi externe Evidenz durch Darlegung von Literatursichtungen ergänzen. Aber auch hier geht es nicht um perfekte Typen kontrollierter Surveys mit Meta-Analysen.

4) Ideenmarketing als Landesaufgabe

Empfohlen wird, dass das Land eine nachhaltige und durch ein geeignetes Wissens- und Lernmanagementkonzept in Bezug auf die Effektivität fundierte Kampagne startet und durchführt, sodass die Leistungserbringer und deren Träger zur Motivation »empowert« werden, um sich dem Problem der Führung und Organisationskultur einer neuen Sorgearbeitskultur im Sinne lernender Organisationen zu stellen.

Unabhängig davon, wie die Sozialgesetzbuchregelung des Bundes die Personalmixbemessung als Regel rahmend vorgibt, muss innerhalb der förderalen Kompetenzverteilungsaufstellung in diesem Feld den Ländern die Möglichkeit gegeben werden, die Strukturen in den Kommunen weiterzuentwickeln.

Das Land darf nicht nur auf die Wächterfunktion der Missbrauchsaufsicht ordnungsrechtlich reduziert werden, sondern muss im Rahmen einer Befähigungs-orientierten dialogischen Strategie der kommunikativen Kooperation gemeinsam mit den willigen Einrichtungen versuchen, die Spielräume gangbarer Wege vielfältiger Variationen in der Leistungserstellungsprozessstruktur methodisch kontrolliert zu erproben.

Zum Abschluss soll noch ein wichtiges Thema ergänzend aufgegriffen werden, zu dem man, systematisch gesehen, auch noch ein eigenes Kapitel hätte eröffnen können: Wenn es um sozialen Innovationen geht, dann muss die Frage gestellt und eine Antwortperspektive entwickelt werden, wie man denn die Innovativität von Innovationen beurteilen kann und soll. Insofern wird hier eine hybride Lösung gesucht, die nicht in einem eigenen Kapitel ausmündet, wohl aber nochmals in einen analytischen Abschnitt.

5) Verständigungen über die Innovativität von Innovationen: Aktualgenese und Selbsttranszendenz als Wesenskern innovativer Langzeitpflege am Beispiel der Tagespflege

Mit dem Begriff der Innovation[17] treffen wir den Lebensnerv der modernen Gesellschaft, über die man jedoch nicht vollumfänglich angemessen diskutieren kann, wenn man nicht zugleich bereit ist, ihre kapitalistische Formbestimmtheit als Wesenskern zu berücksichtigen. Denn es stellt sich

17 Dieser Abschnitt ist eine Überarbeitung eines Beitrages in ProAlter (Schulz-Nieswandt 2023f), der das Problem in einem grundlegenden perspektivischen Zugang aus einem kritischen Erkenntnisinteresse heraus skizziert.

die Frage: Wann und wie ist eine Innovation jenseits der Marktreligion, wonach Innovationen neue Märkte schaffen, an denen dann der Mensch als *homo consumens* in seiner täglichen heiligen Kommunion teilnehmen darf. Wann ist eine soziale Innovation eine Innovation für, mit und durch den alten Menschen in Pflegebedarfssituationen?

Das Thema, wann denn nun eine Innovation innovativ ist, ordnet sich in diese paradigmatische Frage nach der Sichtweise aus einem bestimmten Erkenntnisinteresse heraus ein. Die Antwort sollte lauten: Immer dann, wenn eine Innovation im Lichte der Rechtsphilosophie und Ethik der Personalisierung des Menschen als Telos dient, also ihn in seiner Responsität (als aktive Passivität gegenüber den Möglichkeitsräumen) in eine aktualgenetische (den Menschen in seiner Persönlichkeitsentwicklung aktivierende) Umwelt einstellt, die ihm als inspirierender Kontext sodann eine inkludierende Selbsttranszendenz als teilhabende Selbstentwicklung ermöglicht. Oder nochmals anders formuliert: Soziale Innovationen sind Fortschritte in der Ermöglichung von Personalität, wenn es zu einer Kultur sozialer Praktiken kommt, die dem vulnerablen Menschen Potenziale partizipativer Selbsttranszendenz eröffnen und ermöglichen. Dies würde bedeuten, dass diese Möglichkeitsräume ihm im Sozialraum seiner kulturellen Einbettungen und sozialen Verkettungen in der aktivierenden Teilhabe in soziale Beziehungen der Miteinandermenschlichkeit eine höhere – lebendige: vitalisierende – Lebensqualität als Werden in wachsenden Kreisen – um mit der Lyrik von Rainer Maria Rilke zu sprechen – gewährleistet.

a) Heime: Orte des Wohnens in Sicherheit und Geborgenheit?

Worum geht es im ersten Schritt der Problematisierung? Es geht um eine Kritik der Herrschaft der Lüge, die sich als Wahrheit auf dem Jahrmarkt des Modischen verkauft. Der Abschnittstitel ist frei nach Theodor W. Adorno aus „Minima Moralia“ nachgedichtet. Was ist gemeint? Innovation ist ein Mega-Thema des Diskurses über sozialen Wandel und als Denkform immer mit Blick auf hoffnungsvolle Entwicklungen und Zukunftschancen fixiert.

Diese Fixierung nimmt in der Tat bereits eine psychoanalytisch fassbare charakterliche Zwangsneurose an. Innovation ist kein triviales Modethema. Innovation ist als Kategorie des Weltverhältnisses der Menschen konstitutiv für die heute dominante Art des Wirtschaftens als Verkürzung der achtsamen Sorgekultur auf die kommodifizierte Kommerzialisierung unseres

Lebens. Die Warenform ist zur Denkform geworden und bestimmt die ganze Lebensform der Menschen. Und diese Zwangsidee der Innovation durchdringt als gouvernementales Dispositiv alle Lebensbereiche. Innovation ist die Triebkraft eines Systems, dass sich – in seiner prometheischen Hybris – als permanente Schöpfung zwischen Geburt und Tod der Produktzyklen versteht. Das System verändert seine Ausdrucksgestalt auf einer immer mehr beschleunigten Art und Weise, bleibt aber im Wesenskern der Hegelschen Herr-Knecht-Dialektik (Kojève 1975) als Interdependenz von Mensch und Ordnung, von Nachfrage und Angebot, von Wunschmaschine und Gottmaschine (Schulz-Nieswandt 2019) verhaftet. Die Lebensqualität in Warenform zu denken, ist selbst zur Denkform als Blaupause der allgemeinen Lebensform der Objektbesetzungen geworden. Wir Menschen sind Esel geworden, die hinter der Rübe herlaufen.

b) Alles Neue als das Mögliche ist innovativ, weil es neue Märkte für die dazu passenden Bedürfnisse schafft?

Kritisiert werden soll nunmehr die imperiale Kolonialisierung auch des Sozialsektors durch den Traum des Reisens in der unendlichen Weite der Welten. Diese Turbo-Ökonomik – die nach den ökologischen Folgen im Anthropozän fragen lässt und nun im digitalen (Schulz-Nieswandt 2019) Zeitalter im Übergang zur Künstlichen Intelligenz (KI) noch weitgehend unabsehbare Diskurse zur post- oder transhumanen Mutation aufwirft – erfasst nun zunehmend auch den Sozialsektor, der als sog. Dritter Sektor (Schulz-Nieswandt/Thimm 2023a) ohnehin nie außerhalb des regulierten Marktwettbewerbs infolge der Trennung von Gewährleistung und Sicherstellung in der Sozialpolitik des sozialen Rechtsstaates wirken konnte, sondern immer mitten im Wirkfeld des Waltens der strukturellen Gewalt des kapitalistischen Geistes stand. Es geht, gefördert durch vielerlei institutioneller Subjekte des politischen Systems, die das Spiel des kollektiv geteilten Dispositivs „Wir müssen kreativ sein“, nicht nur neue Projekte und neue Prozesse, neue Konzepte und neue Geschäftsmodelle, sondern darum, immer neue Märkte zu schaffen, fördern und anzutreiben.

c) Die Innovativität der vermeintlichen Innovationen muss problematisiert werden!

Wie und wann sind soziale Innovationen innovativ? Ist der Markt als Demokratie selbstlegitimierend und der Diskurs der Frage nach den hinreichenden Gründen überflüssig? Nun wird man aber die Frage zu beantworten haben, wann und wie das Neue, eben nicht nur, weil es neu ist, was eine Tautologie ohne wertrationalen Sinn wäre, wertvoll dergestalt ist, dass es eine innovative Innovation darstellt, also das Leben hin zu einem »guten Leben« verbessern mag. Oder mögen Innovationen das Leben sogar schädigen oder gar gefährden?

Mit diesen Fragen sind wir bereits in der Mitte der Kontroverse (Schulz-Nieswandt/Chardey/Möbius 2023). Wer – etwa die Wissenschaft als „Kritische Theorie"? – hat mit welchen Gründen das Recht und sodann die begründungslogisch hinreichenden Gründe, solche Fragen zu stellen und eine als humangerecht klassifizierte Antwortversuche zu generieren? Der Markt entscheidet doch tagtäglich als Demokratie der Märkte im Modus des Kauf- und Nutzungsverhaltens. Die Demokratie des Marktes ist dergestalt der Mechanismus der Abstimmung durch den Konsum. Zwar mag die Einkommensverteilungsfrage ein Problem sein. Damit treten wir jedoch in die diskursive Machtsphäre der »meritokratischen« Logik der Leistungsgesellschaft ein, die eine Antwort mit Absicht auf Beendigung der Kritik anbietet: Wer arbeitet und leistet, kann sich sodann auch selbst etwas leisten. Ein unbedingtes Grundeinkommen gilt hier wohl als Verrat an dieser Logik der quasi-forensischen Leistungsgerechtigkeit. Dies ist eine sozialwissenschaftlich naive, charakterlich zynische und moralisch unzureichende Blickweise auf das Drama sozialer Schicksale.

Meist wird daher in der Folge dieser Diskursformationen die oben explizierte Diskurs-bedürftige Frage „Wie nützlich ist das Nützliche?" ausgeklammert. Hierbei dienen billige Paternalismus-Vorwürfe gegenüber der Kritik der Intellektuellen in der Wissenschaft und Kunst der vorschnellen Beendigung der Diskussion. Der *homo consumens* sei ja souverän: Innovationen statt Bevormundung lautet der wirtschaftsliberale Slogan im parteienpolitischen Wahlkampfes.

Doch ist dieser Vorwurf, man hätte es mit einem arroganten Besserwisser-Moralismus eines anti-kapitalistischen Narrativ-Sozialmilieus (das es durchaus gibt) zu tun, hinreichend berechtigt? Demokratie bedeutet doch: Der Wille muss – im Diskurs kommunikativer Verständigung – überhaupt erst gebildet werden? Wie sieht dieser deliberative Bildungsprozess als Praxis sozialer Konstruktion aus? Welche Menschenbilder, welche Vorstellungen von einem guten Leben, welche Werte, auch in Bezug auf die grundrechtlichen Vorgaben des modernen Naturrechts des menschenrechtskonventionell verankerten Rechtsstaates (Schulz-Nieswandt 2022), leiten diesen Diskurs? Dies sei als Frage gestellt, sofern man davon ausgeht, es würde zutreffen, dass man davon ausgehen muss, dass der Innovations-Dispositiv sich schon längt wie ein Pneuma in die Strukturschichtung (Schulz-Nieswandt 2023a) von Geist, Seele und Körper der Menschen als Subjektivierungsformatierung eingeschrieben hat? Kommen wir, und wenn, wie kommen wir gemeinsam aus dieser krankhaften Blickverengung heraus?

d) Die Ausgrenzung der Kritik

Die quasi-forensische Übergriffigkeit muss in der Problematisierung Beachtung finden: Es geht um die Kritik als Tat und die Verdrehung zur Schuld und deren Vergeltung. Innovativität ist als Norm bereits zu einer zwanghaften Idee geworden und modisches Design und kreatives Designing unserer Welt sind zu einem heiligen Paradigma des Weltverhältnisses der Menschen avanciert. Das Wort verweist auf eine hegemoniale Denkart, die grundlegend (radikal sein bedeutet, die Dinge an der Wurzel zu fassen) orientierte kritische Nachfragen ausgrenzt: Wer will denn nicht kreativ – also modern – sein? Wer will Technik-feindlicher Verweigerer einer besseren Welt sein? „Innovation for a better world!“

Die Verweigerung, um die es im Lichte der kritischen Forderung, differenziert zu denken, Ambivalenzen zu bedenken, Güteabwägungen verantwortungsvoll zu treffen, eigentlich gar nicht geht, wäre sogar moralisch verwerflich, denn man verbaue ja mit Blick auf zukünftige Generationen – und damit kommen wir auch in das Feld von Wissenschaft und Forschung hinein – die Wohlfahrtschancen der Zukunft. Freiheit bedeutet die Erweiterung der Welt als Möglichkeitsräume. Individuell kann man sich ja – also sog. souveräner Konsument – entscheiden, ob man die Möglichkeiten wahrnimmt oder nicht. Man wird mit der Kritik also einer Schuld schuldig und die Stigmatisierung der unmoralischen Freiheitsberaubung ist die Vergeltung als Antwort auf die Kritik. So einfach macht es sich der Wirtschaftsliberalismus und rechtfertigt im Sinn-leeren Formalismus damit jede Form von Fortschritt, wie einst sich in der Kunstgeschichte mit Blick auf die Exponentialfunktion nach »Vorne/Oben« der Futurismus mitunter mit dem Faschismus vereinigen konnte. Fortschritt wird zur (auch für alle Abgründigkeiten offene) Leerformel, wenn sie sich nicht an humangerechte Leitsterne ausrichtet. Daher ist es berechtigt, vor dem Leerformelcharakter der Innovation Angst im Modus der Skepsis zu haben.

e) Über die Qualität der stambulanten Hydrid-Gebilde

Wann ist die Tagespflege innovativ? Oder ist sie als »Stambulanz« bereits innovativ? Wann ist aber eine Innovation innovativ? Dies gilt ja neuerdings auch für das dynamische Feld der sozialen Innovationen. Diese Frage stellt sich ferner im Themenfeld der „Alter(n)shilfe" (Schulz-Nieswandt 2021a). Oftmals wird kritisch nachgefragt: Wie können soziale Innovation ein gelingendes Altern fördern und ermöglichen? Doch was ist denn dieses überhaupt erst noch zu bestimmende Gelingen (Schulz-Nieswandt/Köstler/Mann 2022) in der Norm des gelingenden Alterns? Und was sind die Kriterien für die Erwünschtheit eines spezifischen sozialen Wandels: für WEN, WIE, WANN, WO und WARUM (Schulz-Nieswandt/Köstler/Mann 2021b) wird der Wandel veranstaltet?

Caroline Rehner (2013) hat in einer Analyse zur Innovativität von Tagespflegeeinrichtungen eine Methode der Beurteilung demonstriert, die es erlaubt, solche sog. stambulanten Formen der Pflege nicht *a priori* positiv zu beurteilen, z. B., weil sie als hybride Gebilde im Zwischenraum von ambulanten Formen und stationären Settings überfällige, also lange schon eingeforderte Typen von Care-Arrangements in formaler Hinsicht darstellen. Wann sind die Einrichtungen wirklich innovativ? Das ist nur dann eine sinnvolle Form-Frage, wenn man auch nach dem Geist fragt, der in der Form haust. Bei Goethe ist es des Pudels Kern. Zugespitzt gefragt: Sind sie eher quasi nur Verwahranstalten? Räume des Verrinnens von Zeit in Erlebniserfahrungsleere?

Diese kritische Nachfrage fokussiert auf die anthropologisch fundierte Leitbildidee, Pflege sei – fachwissenschaftlich in einem breiten interdisziplinären Horizont gesehen – eine ganzheitlich, auf Körper, Seele und Geist abstellende, aktualgenetisch definierbare soziale Interaktionsarbeit, die Reha-zentriert auf die Aktivierung (Maack 2022) zur Förderung der Selbsthilfepotenziale des älteren und alten Menschen ziele.

Was sind also – in der Folge weiter konkretisierend nachgefragt – in diesem Lichte u. a. die das Verhalten steuernden Alter(n)sbilder, die Teile der nochmals komplexeren Habitusformationen (Brandenburg 2023; Bauer

2023) des Personals sind, die realisierten Potenziale der Sozialraumöffnung (Brandenburg u. a. 2021), die humangerechten Architekturkonzepte, die aktivierenden pädagogischen Strukturierungskonzepte als Programmkonzeptionen der Einrichtungen usw.? Ist alles, was an Problemen im Feld des Versorgungsgeschehens zu konstatieren ist, nur u. a. eine Frage des Personalmangels (Schulz-Nieswandt 2023b)? Kommt es nicht auf vielmehr transzendental die Haltung an? Sieht man bekanntlich nicht nur mit dem Herzen gut? Würde sich diese Sozialwelt wirklich innovativ verändern, wenn wir nur Geld nachpumpen?

Man wird sich die Dramatik des Themas verständlicher machen können, wenn man die Tagespflege aus der Perspektive einer daseinsanthropologisch fundierten Psychologie des personalen Erlebniserfahrungsgeschehens begreift. In der raumtheoretisch (Ernst 2018; Illies 2020) fundierten neueren Architekturtheorie haben sich phänomenologisch-hermeneutische Ansätze (Hahn 2017; 2022) herausgebildet, die nun nochmals besser verstehen lassen, was mit und in dem Menschen (als Einheit von Geist, Seele und Körper) im Zuge seiner Responsität (Schulz-Nieswandt 2023c) in und durch die Umwelten, in die er eingestellt ist, passiert (Hasse 206; 2023), eben dann, wenn der vulnerable Mensch diesen Umwelten als Erfahrungserlebnisraum als Geschehensprozessen ausgesetzt ist. Wann generiert sich in solchen Settings der Mensch-Umwelt-Interaktion ein »epiphanes« (Schulz-Nieswandt 2023d; 2023e) Erleben von Licht, Farben, Musik (auch – alles zu seiner Zeit – als Musik der Stille), damit – um mit Andreas Kruse (2023) an Rainer Maria Rilke anzuknüpfen – ein weiteres Werden der vulnerablen (Kruse 2017) Persönlichkeit des alten Menschen in wachsenden Ringen angesichts seiner Fähigkeit zu schöpferischen Plastizität (Kruse 2014) möglich wird.

Die Analyse hat in Bezug auf die relevante Daseinsthematik und auf die Zielgruppe im Lichte der problematisierungsbedürftigen Versorgungslandschaft der bundesdeutschen Pflegepolitik (Schulz-Nieswandt/Köstler/Mann 2021a) ein existenziell dramatisches und dies bedeutet sodann immer auch: rechtsphilosophisch und ethisch hoch relevantes Thema zum Gegenstand. Und damit ist zugleich eine Besonderheit der Studie von Caroline Rehner (2023) verbunden, die die Lektüre besonders bedeutsam macht. Denn die Analyse der Tagespflege als dynamisches Entwicklungsfeld fragt nach der (Methode der Beurteilung der) »Innovativität der sozialen Innovationen«: Wann, wie und warum/wieso (auch wo, und für wen) ist eine Innovation innovativ? Diese kritische Nachfrage wird exemplarisch am Feld der Tagespflege als Analyse durch Anwendung eines Index der (realen)

Innovativität von (nominalen) Innovationen dergestalt entfaltet und durchgeführt, dass in der Folge sodann auch eine fachwissenschaftlich fundierte Urteilsfindung möglich wird.

f) Vermessung ohne Vermessenheit

Möglich ist eine Vermessung der Innovativität durch einen Index, der nicht in vermessener Weise arrogant ist. Die methodische Grundlage der kritischen, problematisierenden Sicht auf Innovationen resultiert aus einem Entwicklungsprojekt des KDA, das infolge eines entsprechenden Projektantrages vom DHW der Deutschen Fernsehlotterie genehmigt wurde und in den Jahren 2021 und 2022 umgesetzt worden ist. Es wurde ein komplexer, mehrschichtiger und vieldimensionaler, Indikatoren-gestützter »Index für Innovation« entwickelt. Der »Index für Innovationen« als Methode wird als »Index Sozialer Innovation für das Altern« im Rahmen einer breiten und tiefen theoretischen und normativ-rechtlichen Herleitung in Form einer umfänglichen Darlegung und Erläuterung der gesamten Logik, Architektur, Funktionsweise und Nutzungsperspektive an anderer Stelle expliziert (Schulz-Nieswandt/Rehner/Möbius u. a. 2023). Der Index wird nun augenblicklich in einem zweiten DHW/KDA-Projekt (2023-2024) bis hin zur praktischen Nutzbarkeit implementiert. Das Instrument ist aber auch zugleich als »Commoning« (dazu auch in Schulz-Nieswandt/Micken/Moldenhaier 2022) bedeutsam als frei zugängliches Gemeingut, um als Methode später in die öffentlich bedeutsame Nutzungspraxis und vielleicht auch in eine Veränderung der Sichtweisen und Denkwege und somit in die Veränderung der Kultur der sozialen Praktiken nachhaltig wirksam eingehen zu können.

Der Index ist ein komplexes mehr-stufiges Instrument, der in umfangreichen Items-Batterien in Modus von Reflexionsfragen für eine Fülle von Indikatoren für verschiedene Merkmale verschiedener Bereiche und Handlungsfelder ausmündet. Diese Item-Kataloge dienen der selbstreflexiven, diskursiven und insofern lernenden Einschätzung von Ideen, Projekten, können aber auch zur Selbstanalyse von Organisationen mit Blick auf ihre strategische Aufstellung genutzt werden. Leicht lässt sich der Index auch auf die Zielgruppen und Bedarfslagen in allen Phasen des Lebenszyklus von Menschen anpassend beziehen. Die außerordentliche Leistung der Methodologie des Index-Instrumentes besteht nun darin, dass die Werte-orientierten Vermessungen in einem mehrschichtigen bzw. mehrstufigen System von

Bereichen, Dimensionen und Merkmalen zu Fragebatterien als Items der Indikatoren konkretisiert werden, so dass es möglich ist, die Objekte der Vermessung ohne Verlust an Validität in kommunikativer Validierung mit Blick auf eine hinreichende Reliabilität zu analysieren und zu diskutieren.

g) Die Werte-Bezogenheit der Vermessung

Nochmals mit epistemischem Blick zum aktuellen Kontext: Sozialrechtlich verankert ist das Thema der Tagespflege von großer sozialpolitischer Bedeutung, bettet es sich doch ein in die Frage der Differenzierung der Leistungserstellungssettings im Bereich der Langzeitpflege (Schulz-Nieswandt/Thimm 2023b), vor allem im Alter, jenseits der überholten Dichotomie »ambulant vor stationär« (im § 3 SGB XI), wenn nach hybriden Formen gefragt wird. Insofern fügt sich das Projekt dieser Methodenentwicklung in das Werte- und Ziel-orientierte Leitbild der KDA-Arbeit ein, denn es geht um die Förderung einer selbständigen Selbstbestimmung im Modus der partizipativen Teilhabe im Alter im Kontext der Sozialraumentwicklung. Aber der Grad der Universalisierbarkeit dieser Werte-Orientierung ist extrem hoch, da sie auf entsprechenden onto-anthropologischen Grundlagen von Menschenrechten und Grundrechten im personalistischen Sinne basieren. Das mag in der Tradition von 1789 eurozentristisch klingen. Ich bin mir sicher, dass jedoch die hungernden Kinder des globalen Südens es genauso sehen würden. Anders sieht das nur ein maskuliner Patriarchalismus in seiner Herrschaft über Frauen und Familie.

Hier wird nicht nur deutlich, dass die Methode zur Beurteilung der Innovativität von Innovationen auf einer Werte-orientierten Grundlage beruht. Es geht um eine humanistische Idee der Zivilisation: Diese Werte entsprechen dem Menschenbild und dem Leitbild des solidarischen und inkludierenden sozialen Miteinanders der Grundrechtskonventionen des UN-Völkerrechts, der Europäischen Grundrechtscharta, dem bundesdeutschen Grundgesetz, dem System der Sozialgesetzbücher und den WTG-Regimen der Bundesländer sowie den Zielen in weltweit anerkannten Programmen (der WHO, der UN etc.) zur Förderung von Lebensqualität.

6) Der an Demenz erkrankte alte Mensch: ein Störfaktor im akutmedizinischen Maschinenraum

Es soll uns nun um ein Beispiel für Innovativität als Mutation der Kultur sozialer Praktiken gehen. Was sind die Ursachen der Beobachtung, dass der demenzkranke Mensch im Akutkrankenhaus als „Störfaktor" definiert wird. Warum ist dies so? Wie kommt diese - normativ-rechtlich hoch problematische – kulturelle Codierung in dem Versorgungsalltag als Praxis sozialer Konstruktion (Schulz-Nieswandt 2023g) zustande? Und wie könnte eine innovative Lösung als Weg der Überwindung dieser ausgrenzenden Diskriminierung (Schulz-Nieswandt 2021) aussehen.

Die Antwortsuche führt uns zu der Explikation des Programmcodes des – prototypisch gefassten – akutmedizinischen Krankenhauses und des akutmedizinischen Habitus im kommunikativen Kontext des multi-professionellen Gefüges eines Akutkrankenhauses.

Dabei wird die Machtallokation zwischen den Geschlechtern ebenso zu berücksichtigen sein wie die Machtallokation zwischen Medizin und Pflege. Aus der Forschungsliteratur heraus wird der kritische Blick durchaus geschärft, indem zwei für das Problem geradezu archetypische Metaphern generiert werden müssen. Der Programmcode der akutmedizinischen Institution und die hegemoniale Dominanz des akutärztlichen Habitus stellen die tiefengrammatisch generativen Mechanismen der sozialen Konstruktion des demenzkranken Menschen als „Störfaktor" dar. Dieser tiefengrammatische generative Code der Konstruktion sozialer Wirklichkeit kann mit zwei Metaphern eines maskulinen Heroenmythos konkretisiert werden: (1) Der „Drachentöter" kämpft im OP mit dem Tod, und (2) der „Maschinenbauer" stellt reparativ im OP eine kaputte Maschine wieder als funktionsfähig her. Aus dem Raster dieser handlungslogischen Selbstdefinition eines akutmedizinischen Geschehens im OP-zentrierten Krankenhaus fällt das Phänomen der Demenz als Störfaktor stigmatisiert heraus.

Diese Sichtweise stellt ab auf die Aufdeckung latenter Sinnstrukturen generativer Art mit Blick auf die Manifestationsebene der beobachtbaren Ausdrucksgestalt von sozialen Praktiken von Akteuren in einem institutionellen Kontext-Setting. Sie stellt somit eine re-konstruktive (Schulz-Nieswandt 2020) Analyse dar, der es um Hypothesen-Generierung geht. Es handelt sich dergestalt um eine abduktive Orientierung an einem Idealtypus (Reinheit des akutmedizinischen Programmcodes und der passungsoptimalen medizinischen Habitusformen), um in der Folge die weitere Theoriebildung voranzutragen.

Diese andersartige Sicht und Zugangsweise sind im Lichte der üblichen Studien zu diesem Problemkreis wichtig: Die gängigen Antwortmuster der auf das vorliegende Thema bezogene Forschung sind weitgehend nur ressourcentheoretisch orientiert (Personalmangel, Zeitmangel etc.). Eine solche Forschung ist übergehend nicht offen für die kulturgrammatische und psychodynamische Tiefenanalyse, um den „Fall" gerade in der widersprüchlichen Differenz manifester Landschaften der Problemdiagnose als offizielle Ausdrucksgestalt einerseits und den generativen latenten Sinnstrukturen in einer im Programmcode wie im Habitus der Logik der Akutmedizin inkorporierten Tiefe andererseits zu problematisieren. Vielleicht wäre dies selbst psychoanalytisch zu interpretieren: Dies würde ja die stolze Identität des Systems, auf die das – mythopoetisch betrachtet – soteriologisch anmutende Akutmedizinsystem hin codiert ist, erodieren.

Man könnte mit Blick auf die epistemische Struktur der Argumentation auch charakterisierend so formulieren (Schulz-Nieswandt 2023g): Natürlich ist 1) die angemessene bedarfsdeckungswirtschaftlich definierte Sicherstellung von Ressourcen eine notwendige Voraussetzung (nV) für eine gute Qualität der Versorgung (gQdV) des demenzkranken Menschen im Akutkrankenhaus. Hinreichende Bedingung (hB) ist aber 2) die Erkenntnis: „Auf die Haltung" (*hexis* → Habitus) kommt es an!"

$$gQdV = f\,(nV + hB).$$

Es ist also der »objektive Geist« der Institution als programmcodierte Logik des Funktionsgeschehens, inkorporiert von der dominanten Profession in einem interprofessionellen Rollengefüge, der auch dann, wenn in hydraulischer Logik mehr Geld in das System im Sinne einer Theorie trivialer Maschinen gepumpt werden würde, die gQdV nicht signifikant erhöhen würde: So könnte eine der Folgehypothesen der generierten Hypothesen der Idealtypusbildung lauten.

Es kann nur deutlicher erkannt werden, wann und wie in Bezug auf dieses skizzierte und ausgedeutete Problem eine innovative Innovation vorliegen würde: Dann und dergestalt, wenn das Akutkrankenhaus einen anderen institutionellen Programmcode zum eigenen willentlichen Ethos erklärt, woraus sich eine andere Kultur sozialer Praktiken mit dem vulnerablen Menschen ergeben würde.

Soziale Innovationen sind Feld-Investitionen in das soziale Lernen – praxeologisch fassbarer – gelingenden Formens sozialer Interaktionen, die dem im Sinne des Naturrechts des sozialen Rechtstaates »heiligen« Status der personalen Würde gerecht werden (Schulz-Nieswandt 2023f). Dies hat spezifische Auslegungsweisen der Person-Zentriertheit im Sozialsektor zur Folge (Schulz-Nieswandt 2023h) und auch eine Reflexion eines ableitbaren Rechts auf Sozialraumbildung (Heerdt/Schulz-Nieswandt 2022).

Literatur

Bauer, Judith (2023): Qualitative Sekundäranalyse anhand der Dokumentarischen Methode. Eine Analyse am Beispiel des Forschungsprojekts Gutes Altern in Rheinland-Pfalz. Wiesbaden: Springer VS.

Brandenburg, Hermann u. a. (Hrsg.) (2021): Organisationskultur und Quartiersöffnung in der stationären Altenhilfe. Berlin: Springer.

Brandenburg, Hermann (Hrsg.) (2023): Pflegehabitus in der stationären Langzeitpflege von Menschen mit Demenz. Personzentrierte Pflegebeziehungen nachhaltig gestalten. Stuttgart: Kohlhammer.

Ernst, Rainer W. (2018): Räumliche Ressourcen. Architektur im Prozess gesellschaftlicher Verantwortung. Bielefeld: transcript.

Hahn, Achim (2017): Architektur und Lebenspraxis. Für eine phänomenologisch-hermeneutische Architekturtheorie. Bielefeld: transcript.

Hahn, Achim (2022): Vom Wohnen erzählen – Narrative Pragmatik und Beispielhermeneutik. Aufsätze zu einer wissenschaftstheoretischen Fundierung der Architektur- und Wohnwissenschaft. Wiesbaden: Springer VS.

Hasse, Jürgen (2016): Was Räume mit uns machen - und wir mit ihnen. Kritische Phänomenologie des Raumes. Freiburg i. Br./München: Alber.

Hasse, Jürgen (2023): Was bedeutet es zu wohnen? Anstöße zu einer Ethik des Wohnens. Baden-Baden: Alber in Nomos.

Heerdt, Christian/Schulz-Nieswandt, Frank (2022): Das Grundrecht auf Sozialraumbildung im Lichte des Menschenbildes der „sozialen Freiheit" des bundesdeutschen Grundgesetzes: Lehren aus der Corona-Krise. Sozialer Fortschritt 71 (10), S. 771-789.

Illies, Christian (Hrsg.) (2020): Bauen mit Sinn. Schritte zu einer Philosophie der Architektur. Wiesbaden: Springer VS.

Kojève, Alexandre (1975): Hegel. Eine Vergegenwärtigung seines Denkens. Kommentar zur Phänomenologie des Geistes. Frankfurt am Main: Suhrkamp.

Kruse, Andreas (2014): Die Grenzgänge des Johann Sebastian Bach. Psychologische Einblicke. 2. Aufl. Berlin: Springer.

Kruse, Andreas (2017): Lebensphase hohes Alter: Verletzlichkeit und Reife. Berlin: Springer.

Kruse, Andreas (2023): Leben in wachsenden Ringen. Sinnerfülltes Alter. Stuttgart: Kohlhammer.

Maack, Linda (2022): Verräumlichte Subjektivierung. Aktivierung und Kulturalisierung im Altenpflegeheim. Wiesbaden: Springer VS.

Rehner, Caroline (2023): Rehner, Caroline (2023): Soziale Innovationen in der Tagespflege. Baden-Baden: Nomos (i. D.).

Schulz-Nieswandt, Frank (2019): Die Formung zum Homo Digitalis. Ein tiefenpsychologischer Essay zur Metaphysik der Digitalisierung. Würzburg, Könighausen & Neumann.

Schulz-Nieswandt, Frank (2020): Zur Bedeutung der Psychodynamik für die Sozialpolitik des Alter(n)s in Forschung und reflexiver Praxis. In: Psychotherapie im Alter 17 (3): S. 355-365.

Schulz-Nieswandt, Frank (2021a): Wann ist eine soziale Innovation innovativ? Der erkenntnistheoretische Status eines »Index der Non-Exklusion«. Berlin. www.kda.de.

Schulz-Nieswandt, Frank (2021b): Verletzbarkeit und Würde. In: Klapper, Bernadette/Chichon, Irina (Hrsg.): Neustart! Für die Zukunft des Gesundheitswesens. Berlin: MWV: S. 345-356.

Schulz-Nieswandt, Frank (2022): Der heilige Bund der Freiheit: Frankfurt – Athen - Jerusalem: eine Reise. Baden-Baden: Alber in Nomos.

Schulz-Nieswandt, Frank (2023a): Der Mensch als geistiges Naturwesen bei Adolf Portmann (1997-1982). Reflexionsfragmente in Lichte eigener autobiographischer Perspektiven. Baden-Baden: Nomos.

Schulz-Nieswandt, Frank (2023b): Transnationale Zuwanderung der Sorgearbeit. Eine Problematisierung. Stuttgart: Kohlhammer.

Schulz-Nieswandt, Frank (2023c): Onto-Poetik der responsiven Gabe. Baden-Baden: Alber in Nomos.

Schulz-Nieswandt, Frank (2023d): Aura des Augenblicks. Epiphanisches Erleben in Dorothy L. Sayers (1893-1957) Roman ‚Aufruhr in Oxford'. Würzburg: Königshausen & Neumann.

Schulz-Nieswandt, Frank (2023e): Mythische Atmosphäre und kreativer Eros. Das Zusammenspiel in »Venus und der Antiquar« von Leo Weismantel". Würzburg: Königshausen & Neumann, Würzburg (i. D.).

Schulz-Nieswandt, Frank (2023f): Aktualgenese und Selbsttranszendenz als Wesenskern innovativer Langzeitpflege am Beispiel der Tagespflege. In: ProAlter 55 (3).

Schulz-Nieswandt, Frank (2023g): Integrierte Versorgung als humangerechte Mutation der Medizinkultur. Das Elend einer Selbstblockierung eines kranken Sektors. Berlin u. a.: LIT.

Schulz-Nieswandt, Frank (2023): Vom Naturrecht der Personalität zu den sozialen Praktiken der Personenzentrierung. In: Case Management 29 (2): S. 72-77.

Schulz-Nieswandt, Frank/Chardey, Benjamin/Möbius, Malte (2023): Zur Kritik der innovativen Vernunft. Der Mensch als Konjunktiv. Baden-Baden: Nomos.

Schulz-Nieswandt, Frank/Köstler, Ursula/Mann Kristina (2021a): Kommunale Pflegepolitik. Eine Vision. Stuttgart: Kohlhammer.

Schulz-Nieswandt, Frank/Köstler, Ursula/Mann (2021b): Sozialpolitik und ihre Wissenschaft. Berlin u. a.: LIT.

Schulz-Nieswandt, Frank/Köstler, Ursula/Mann, Kristian (2022): Gestaltwerdung als Gelingen der Daseinsführung im Lebenszyklus. Das Erkenntnisinteresse der Kritischen Wissenschaft von der »gerontologischen Sozialpolitik«. Baden-Baden: Nomos.

Schulz-Nieswandt, Frank/Micken, Simon/Moldenhauer, Joschka (2022): Zur sozialen Geometrie der Selbsthilfe. Eine Morphologie zwischen Innenraum, liminalem Hybridraum und Öffnungsraum als »Commoning«. Berlin u. a.: LIT.

Schulz-Nieswandt, Frank/Rehner, Caroline/Möbius, Malte/Germann, Ingeborg/Freymuth, Christine/Bruns, Anne (2023): Innovationen in der Sozialpolitik des Alterns. Eine kritische Vermessung innovativen Wandels. Stuttgart: Kohlhammer (i. D.).

Schulz-Nieswandt, Frank/Thimm, Philipp (2023a): Morphologie und Metamorphosen des Dritten Sektors. Die Entelechie der Gemeinwirtschaft in der wirtschaftsorganisationsrechtlichen Disziplinarordnung. Berlin: Duncker & Humblot.

Schulz-Nieswandt, Frank/Thimm, Philipp (2023): Wirtschaftsorganisationsrecht und Organisationskultur in der Langzeitpflege. Berlin u. a.: LIT.

Zeitfracht Medien GmbH
Ferdinand-Jühlke-Straße 7
99095 Erfurt, Deutschland
produktsicherheit@kolibri360.de